생각하는 힘을 키우는 십대의 질문법

'질문'으로 인공지능 시대에 필요한 '진짜 지능' 키우기

생각하는 힘을 키우는
십대의
질문법

임재성 지음

특별한서재

질문으로 생각의 날개를 펴자

💬 삶의 결과는 생각에서 비롯된다

화창한 날, 하늘을 올려다보며 "왜 하늘은 이렇게 넓을까?"라고 질문해 본 적이 있나요? 또는 복잡한 문제 앞에서 "나는 왜 이 문제를 풀지 못할까?"라고 자책해 본 적은요?

우리는 살아가면서 다양한 질문을 던집니다. 의문을 해결하고 싶거나 더 깊이 알고 싶어서지요. 이렇게 우리가 살아가면서 마주하는 수많은 질문에는 중요한 힘이 숨어 있습니다. 바로 '생각하는 힘'입니다.

생각하는 힘은 우리 마음속에 숨겨진 날개와도 같습니다. 그

생각하는 힘을 키우는 십대의 질문법

날개는 보이지 않습니다. 하지만 질문을 던지고 답을 찾으려 할 때 서서히 펼쳐지기 시작합니다. 날개를 펼칠수록 세상을 더 높이, 더 멀리 바라볼 수 있게 되지요. 자신이 바라는 삶을 발견하고 비상하는 것입니다.

반대로 생각의 날개가 접혀 있으면 눈앞에 보이는 것만을 좇게 되고, 더 큰 세상에 다가가는 힘을 잃어버리게 됩니다.

현재 우리 삶의 결과와 모습은 모두 생각에서 비롯된 것입니다. 삶을 둘러싼 수많은 선택과 문제 속에서 답을 찾아 나가는 과정 역시 생각입니다. 생각의 깊이와 힘에 따라 그에 합당한 결과들이 만들어지는 것입니다. 삶의 모든 것이 생각에서 시작되고 마무리되는 셈이지요.

하지만 생각하는 힘은 저절로 생기지 않습니다. 훈련을 통해 길러지고 질문을 통해 깊어지지요. 꾸준히 질문을 던지고 답을 찾는 훈련을 하면 생각하는 힘은 점점 강해집니다. 그러면 세상이 던지는 질문에 주저하지 않고 스스로 질문을 던지며 답을 찾을 수 있게 됩니다. 어깨를 쫙 펴고 자기 삶을 향해 당당하게 나아가는 것입니다.

생각하는 힘을 키우는 방법은 무수히 많습니다. 그중에서 가장 강력한 도구가 질문입니다. 질문만큼 생각하는 힘을 키울 수 있는 것은 없습니다. 특히 AI 시대의 핵심 능력도 질문입니다. 질문하는 능력이 있어야 없는 답을 발견하고 조정하면서 AI 시대에 능동적으로 살아갈 수 있습니다.

이 책에는 질문을 통해 어떻게 생각하는 힘을 키울 수 있을지 그 원리와 방법을 담았습니다. 책에서 제시한 대로 훈련하고 질문을 던진다면, 여러분의 생각에는 어떤 폭풍에도 꺾이지 않는 강력한 날개가 장착될 것입니다.

💬 단계별 질문 만들기, 사고 확장의 첫걸음

모든 챕터의 마무리에는 여러분이 직접 질문을 던지고 답을 적을 수 있는 공간을 마련했습니다. 질문이 익숙하지 않으면 처음에는 질문을 만드는 것조차 쉽지 않을 것입니다. 하지만 시도해 보세요. 처음부터 끝까지 질문을 만들고 답을 적어 보면, 이 책을 읽기 전과는 전혀 다른 자신을 발견할 수 있을 것입니다.

그렇다면 어떻게 질문하고 답을 적으면 될까요?
'생각과 삶을 바꾸는 질문 훈련'을 보면 1단계부터 3단계까지

📢 생각하는 힘을 키우는 십대의 질문법

질문이 있습니다. 반드시 단계별로 질문을 던져야 합니다. 그래야 지식과 정보가 사고를 확장시키고, 생각하는 힘을 길러 줍니다. 이렇게 얻어진 생각은 결국 자신의 삶을 변화시키는 힘으로 이어집니다.

1단계는 읽은 내용을 있는 그대로 받아들이고 이해하는 과정입니다. 사실을 사실대로 받아들여 정확히 저장하는 단계라고 할 수 있습니다. 사실이 명확히 이해되어야만 이를 바탕으로 사고를 확장할 수 있습니다. 사실에 대한 이해가 잘못된 상태에서 추론하거나 사색하는 것은 의미가 없습니다.

예를 들어 이 책의 첫 챕터인 '인간이 지닌 최고의 탁월함은 질문하는 능력'을 읽고, 다음과 같이 질문과 답을 적으면 됩니다.

1단계: 사실·이해 질문

Q: 소크라테스는 사람들에게 어떤 방법으로 자신의 철학을 전달했을까?

A: 상대에게 질문을 던지며 스스로 답을 찾을 수 있도록 이끌었다.

Q: 질문에 담긴 뜻은 무엇이며, 청소년들은 왜 질문하지 않을까?

A: 질문은 바탕, 본질, 핵심, 근원, 원인을 찾아내기 위한 물음이

다. 청소년들은 정답을 찾는 공부와 스마트폰에 의존하다 보니 질문을 하지 않는다.

이처럼 내용을 정확히 이해하지 않으면 질문도 답도 적을 수 없습니다. 그러므로 내용을 잘 읽고 질문과 답을 적어 보세요.

2단계는 이해한 내용을 바탕으로 추론하고 사색하는 과정입니다. 이를 통해 내용 속에 담긴 의미를 확장하고 깊이 생각하는 힘을 기를 수 있습니다. 이 과정에서 보이지 않았던 것들이 보이고, 무엇을 어떻게 해야 할지 더 분명하게 알 수 있습니다.

'인간이 지닌 최고의 탁월함은 질문하는 능력'을 읽고, 다음과 같은 질문과 답을 적을 수 있습니다.

2단계: 추론·사색 질문

Q: 소크라테스는 왜 자신의 의견을 직접 말하지 않고, 상대에게 질문을 던지면서 답을 찾게 했을까?

A: 스스로 깨달은 답이 진정한 지식이 되며, 이를 통해 더 큰 자각과 변화를 얻을 수 있다고 믿었기 때문이다.

Q: 질문하지 않고 스마트폰에 의존하는 것이 사고 능력에 어떤 영향을 미칠까?

생각하는 힘을 키우는 십대의 질문법

A: 스마트폰에 의존하면 표면적인 답에만 머물게 되어 깊이 생각하는 능력과 비판적 사고력이 저하될 수 있다.

마지막으로 3단계는 1단계와 2단계에서 얻은 통찰을 바탕으로 어떻게 삶에 적용할지 고민하는 과정입니다. 이 질문을 통해 자신의 삶을 성찰하고, 실제로 변화를 일으킬 계기를 마련할 수 있습니다.

'인간이 지닌 최고의 탁월함은 질문하는 능력'을 토대로 다음과 같은 질문과 답을 적을 수 있습니다.

3단계: 종합·깨달음·적용 질문

Q: 스스로 찾은 답이 남이 제시한 답보다 더 의미 있는 이유는 무엇일까?

A: 스스로 찾은 답은 자신의 경험과 사고를 통해 발견한 것이기 때문에 내면화하기 쉽고, 행동으로 이어질 가능성도 높기 때문이다.

Q: 스마트폰에 의존하지 않고 스스로 생각하는 힘을 기르기 위해서 필요한 것은 무엇일까?

A: 하루에 한 번이라도 검색에 의존하지 않고 스스로 답을 찾는 연습을 하거나, 일기나 독서 노트를 통해 내 생각을 정리하는

습관을 기르는 것이다.

이러한 방법으로 질문과 답을 작성해 보세요. '나는 반드시 질문을 통해 생각하는 힘을 기를 거야!'라는 의지로 꾸준히 실천하면, 여러분의 생각 날개는 점점 더 강해지고 여러분이 살아갈 삶도 더욱 명확해질 것입니다.

💬 질문이 가져온 삶의 전환

저는 실업계 공업 고등학교를 졸업한 후 전자 계산학을 전공했습니다. 이후에는 사업을 하며 살아왔지만, 지금은 전공과는 전혀 다른 길을 걷고 있습니다. 책을 쓰고 강의하며 살고 있지요.

이러한 전환의 중심에는 바로 '질문'이 있었습니다. 저는 2003년 독서 지도를 공부하면서부터 책을 읽을 때마다 질문을 던지고 답을 적었습니다. 그 과정에서 저만의 질문법을 만들어 청소년들을 지도하며 독서 교재를 만들었고, 그 결과 '생각하는 힘'을 기르게 되었습니다.

그 힘 덕분에 2011년 첫 책을 출간했고, 이 책이 출간되는 2024년까지 28권을 집필할 수 있었습니다. 짧은 기간 동안 많은 책을

생각하는 힘을 키우는 십대의 질문법

쓸 수 있었던 이유는 질문을 통해 갈고닦은 사고력 덕분입니다. 이 책 또한 제가 경험한 것을 녹여 낸 산물입니다.

청소년기는 새벽과도 같습니다. 어둠이 서서히 물러가고 빛이 점점 퍼지는 시간처럼 생각이 깨어나고 삶과 세상에 대한 눈이 서서히 열리는 시기입니다. 그만큼 무한한 가능성을 품고 있는 소중한 때지요. 이 가능성을 열어 가는 열쇠는 다름 아닌 '생각'입니다. 생각하는 힘이 셀수록 세상은 더 넓고 명확하게 보입니다.

저는 이 책을 통해 여러분이 더 깊이 생각하고, 더 많은 질문을 던지며, 더 넓은 세상을 바라보는 날개를 펼치기를 바랍니다. 생각의 날개를 활짝 펼칠 때, 세상은 더 이상 막막하고 두려운 곳이 아니라 무한한 가능성으로 가득 찬 공간이 될 테니까요.

차례

Part 6 십대에 꼭 던져야 하는 인생 질문

Part 1

질문의 차이가
생각의 차이를 만든다

인간이 지닌 최고의 탁월함은
질문하는 능력

"믿기지 않겠지만, 인간이 지닌 최고의 탁월함은
자기 자신과 타인에게 질문하는 능력이다."
- 소크라테스(고대 그리스 철학자)

소크라테스는 질문하는 철학자였습니다. 사람을 만나면 질문을 던지며 상대가 스스로 답을 찾을 수 있게 했지요. 예를 들면 이렇습니다.

소크라테스: 자네 기분이 어떠한가?

청년: 우울합니다.

소크라테스: 우울하다는 것은 무엇인가?

청년: 침울하다는 것입니다.

소크라테스: 침울하다는 것은 무엇인가?

청년: 기분이 더럽단 것입니다.

생각하는 힘을 키우는 십대의 질문법

소크라테스: 기분이 더럽다? 그것은 무엇인가?

청년: 모르겠습니다.

소크라테스: 그래. 자넨 그래도 낫네. 자네가 모른다는 것을 알
고 있지 않은가?

위 대화를 보면 소크라테스는 강론이나 자기주장을 펼치지 않
습니다. 질문만 던지지요. 그런데 상대는 답을 찾습니다. 소크라
테스는 이와 같은 방식으로 자기 철학을 추구해 나갔습니다. 상
대에게 끊임없이 질문을 던지면서 답을 찾도록 이끈 것이지요.

질문을 받으면 대답해야 하고, 대답하려면 스스로 생각해야
합니다. 적절한 답을 하려고 깊이 생각하는 과정에서 스스로 답
을 발견하게 되지요. 이것이 질문이 가지고 있는 힘입니다.

그래서인지 소크라테스는 "인간이 지닌 최고의 탁월함은 자기
자신과 타인에게 질문하는 능력이다."라고 했습니다. 질문하면
그에 걸맞은 답을 얻을 수 있기에 한 말입니다.

질문(質問)은 '알고자 하는 바를 얻기 위해 물음'이라는 뜻입니
다. 한자에 담긴 뜻을 이해하면 그 의미를 더욱 깊이 알 수 있습
니다.

'질(質)'은 '바탕, 본질, 핵심, 근원, 원인'이라는 의미이고, '문

(問)'은 '묻다, 찾다'라는 뜻입니다. 즉, 질문이란 바탕, 본질, 핵심, 근원, 원인을 찾아내기 위한 물음입니다. 그래서 질문해야 합니다. 질문하면 보이지 않는 것을 볼 수 있으며, 궁금한 것을 알아낼 수 있고, 본질을 찾아낼 수 있습니다. 질문이 없다면 근원과 본질, 핵심을 알아낼 수 없습니다.

질문이 이렇게 중요한데도 우리는 잘 묻지 않습니다. 왜 우리는 질문하지 않는 것일까요? 크게 두 가지 이유를 찾을 수 있습니다.

첫째, 정답을 찾는 공부에 길들여 있기 때문입니다. 현재 교육 시스템에서는 정답을 외우고 시험에서 실수하지 않아야 좋은 성적을 기대할 수 있습니다. 질문하지 않아도 성적을 올리는 데 큰 문제가 없기 때문에 자연히 질문하는 습관이 형성되지 않는 것입니다.

둘째, 스마트폰이 손에 들려 있기 때문입니다. 우리는 스마트폰에 익숙해지면서 기억하고 질문하는 능력을 상실했습니다. 기억하지 않아도, 질문을 던지지 않아도 단 몇 초면 답을 찾을 수 있기에 묻지 않습니다. 원하는 지식과 정보를 검색하고 유튜브 영상을 클릭하다 보면 질문할 이유와 의미를 찾기 힘듭니다.

질문이 없다는 것은 깊이 생각하지 않고 있다는 뜻입니다. 스

생각하는 힘을 키우는 십대의 질문법

스로 더 깊이, 더 넓게, 더 높게 나아가려는 의지가 없다는 증거이기도 합니다.

사람은 저절로 드는 생각대로 사는 사람과 자신이 생각한 대로 사는 사람으로 나눌 수 있습니다. 생각하는 힘이 강한 사람은 그 생각의 힘으로 오늘을 삽니다. 생각하는 힘이 없으면 생각나는 대로 살기 마련입니다. 스스로 생각하지 않으면 끌려다니는 삶을 살게 됩니다. 이런 삶에 만족과 기쁨이 있을까요? 끌려다니지 않으려면 물어야 합니다. 질문을 해야 내가 내 삶을 원하는 방향으로 끌고 갈 수 있습니다.

끌려다니지 않고 내 삶을 살아가려면 자기 자신에게 물어야 합니다. 아무리 좋은 인생의 해결책일지라도 남이 제시해 주면 내 것처럼 느껴지지 않습니다. 남이 해 준 말은 이상하게도 잔소리로 들리고 따르기 싫습니다. 누구나 스스로 찾아낸 답을 가장 신뢰하고 잘 따르기 마련이지요. 스스로 깨달아야 비로소 변화의 싹이 움트기 시작합니다.

오늘 내 삶을 변화시킬 빛나는 인생의 해답을 원하나요? 그렇다면 빛나는 질문을 하세요. 좋은 질문 하나가 인생을 바꿀 수 있으니까요.

생각과 삶을 바꾸는 질문 훈련

이 챕터의 내용을 토대로 3단계 질문을 차례대로 만들어 보세요.
질문과 함께 답을 꼭 적어야 합니다.

● **1단계: 사실·이해 질문**

    Q: _____

    A:

● **2단계: 추론·사색 질문**

    Q: _____

    A:

● **3단계: 종합·깨달음·적용 질문**

    Q: _____

    A:

생각하는 힘을 키우는 십대의 질문법

인공지능 시대,
무엇이 차이를 만들어 낼까

"단순히 정보 처리 속도를 높이는 것이 목적이라면
독서는 무의미하다. 주체적으로 생각하는 힘을 기르는 것,
이것이야말로 독서의 본래 목적이다."
- 히라노 게이치로(일본 소설가)

지금은 인공지능 시대입니다. 최첨단 기술로 무장한 인공지능은 매일 진화된 모습으로 인간의 삶을 위협하고 있습니다.

사람들은 새로운 기술이 탄생할 때마다 인공지능 때문에 위기라고 외칩니다. 하지만 준비된 사람에게는 위기가 아니라 기회입니다. 이런 사람은 기회를 만들어 자신이 소망한 것들을 이루며 살아갑니다.

우리는 암기의 시대에 살고 있습니다. 배운 지식을 암기하고 답을 잘 적어야 좋은 성적을 거둘 수 있는 교육 시스템 속에 있습니다. 재능과 창의성이 뛰어나도 암기력이 떨어지면 좋은 성적

을 거두기 힘듭니다. 성적이 나쁘면 진학과 취업에 유리한 고지를 점령하기 힘듭니다. 당연히 기회가 줄어들 수밖에 없지요. 그러다 보니 대다수 학생이 암기력을 높이는 공부에 전력을 다하고 있습니다.

하지만 인공지능 시대에 암기력은 큰 힘을 발휘하지 못합니다. 암기로는 인공지능을 이길 수 없기 때문이지요. 이제는 암기력이 뛰어난 사람이 아니라 창의적인 사람이 살아남는 시대가 되었습니다. 새로운 기술에 유연하게 대처하며, 지식과 정보를 창의적으로 연결 짓고 융합해 새로운 것을 창조하는 사람이 필요한 시대입니다. 질문으로 새로운 기준을 세우고 정답을 만들어 가는 사람이 필요한 것이지요.

『휴먼 엣지』의 저자인 그렉 옴은 "기계를 이길 수 있는 유일한 대안은 인간의 초능력인 호기심이다."라고 했습니다. 호기심(好奇心)은 '새롭고 신기한 것을 좋아하거나 모르는 것을 알고 싶어 하는 마음'입니다. 결국 질문입니다. 질문하는 능력이 인공지능 시대의 차이를 만들어 낼 수 있습니다.

예전의 인공지능은 인간이 프로그래밍한 대로 업무를 수행했습니다. 로봇처럼 시키는 일을 군말 없이 척척 해냈지요. 하지만 생성형 AI(인공지능)는 다릅니다. 주어진 질문(명령어) 안에서 창작하고, 그림을 그려 주고, 음악을 만들어 주고, 프로그래밍을 합니다. 새로운 것을 창조하는 능력이 업그레이드된 것이지요.

특히 챗GPT는 가공할 만한 위력을 가지고 있습니다. 세상의 지식과 정보를 단 몇 초 만에 정리해 주고, 사람들이 일상적으로 쓰는 언어 구조인 자연어로 대화도 가능하지요.

단순하고 반복적인 글쓰기 작업은 매우 빠르고 정확합니다. 복잡한 데이터를 분석하고 정리하는 것도 탁월합니다. 창의적인 답변도 가능해졌습니다. 앞으로 나올 버전에 새로운 기능이 장착되면 더 위력적일 것입니다.

AI로 무장한 휴머노이드humanoid 로봇은 스스로 학습하며 일을 처리합니다. 묻는 질문에 코딩을 하며 새로운 답을 찾지요.

AI의 주된 기능은 잠재적 패턴을 찾는 일입니다. 따라서 단순 반복 일자리뿐만 아니라 잠재적 패턴이 예상되는 분야도 위태롭습니다. 생각의 패턴이 일정하게 반복되는 일자리도 인공지능으로 대체될 가능성이 높습니다. 그래도 질문하는 사람은 걱정이 없습니다. 인공지능을 활용해 창조적인 삶을 살아갈 수 있기 때문입니다.

인공지능 시대의 차이는 질문으로 갈립니다. 질문의 차이가 인생의 차이를 만들어 내는 것이지요.

챗봇은 질문을 통해서만 답을 얻을 수 있습니다. 최첨단 기능을 탑재한 챗봇이라 하더라도 질문을 던지지 않으면 어떤 답변도 해 줄 수 없습니다. 챗봇은 질문을 던지면 그 질문에 걸맞은 답만 내놓습니다. 더하지도 빼지도 않고 질문에 따른 답변을 해 주지요. 창의적인 답변도 질문에 준해서 생성해 줍니다. 그래서 질문 능력이 중요합니다. 좋은 질문을 던질 수 있는 사람이 인공지능을 효율적으로 활용할 수 있으니까요.

애플의 공동 창업자 스티브 워즈니악은 인공지능 시대에 필요한 능력에 대해 다음과 같이 말했습니다.

> "인공지능은 많은 작업을 처리할 수 있지만, 인간의 창의성과 질문 능력은 여전히 필수적이다. 인간과 인공지능은 상호 보완적인 역할을 해야 하며, 인간의 창의성과 질문 능력이 인공지능 발전에 도움이 될 것이다."

지금은 암기력이 아니라 질문 능력이 필요한 시대입니다. 답을 외우며 사는 사람은 틀 안에서만 생각하고 시키는 대로 일하게 됩니다. 이런 사람은 분명히 인공지능으로 대체될 것입니다. 일할 곳이 없어지는 것이지요.

세상은 반짝이는 질문을 던질 수 있는 사람을 찾습니다. 반짝

생각하는 힘을 키우는 십대의 질문법

이는 질문 하나가 새로운 지식, 새로운 제품, 새로운 콘텐츠, 새로운 창작물을 만들어 내기 때문입니다. 어제와 다른 새로운 삶도 질문으로부터 비롯됩니다. 따라서 답을 외우는 사람이 아닌 질문하는 사람이 되어야 합니다. 질문 능력이 인공지능 시대의 차이를 만들어 낼 테니까요.

생각과 삶을 바꾸는 질문 훈련

이 챕터의 내용을 토대로 3단계 질문을 차례대로 만들어 보세요.
질문과 함께 답을 꼭 적어야 합니다.

● **1단계: 사실·이해 질문**

    Q: _____

    A:

● **2단계: 추론·사색 질문**

    Q: _____

    A:

● **3단계: 종합·깨달음·적용 질문**

    Q: _____

    A:

생각하는 힘을 키우는 십대의 질문법

인문학은
어떻게 삶의 무기가 될까

"질문으로 파고드는 사람은
이미 그 문제의 해답을 반쯤 얻은 것과 같다."
- 프랜시스 베이컨(영국 철학자)

　　인문학(人文學)은 '인간을 공부하는 학문'입니다. 인간의 존재, 인간의 마음, 인간의 생각과 행동, 인간의 꿈과 소망 등을 탐구해 나 자신과 세상을 이해하기 위해 인문학이 태동했지요.

　　대표적으로 문학, 역사, 철학을 꼽을 수 있지만, 근래에는 인간의 본질을 탐구하는 분야면 모두 인문학이라고 인정해 줍니다. 그림, 음악, 영화 등으로도 인간의 근원을 탐구할 수 있다면 인문학이라고 부르지요.

　　그런데 인문학을 어려워하는 사람이 많습니다. 실제 인문학 공부는 어렵습니다. 인간을 깊이 공부해야 하기 때문이지요. 인간의 본질과 근원을 파헤치는 공부라 만만치 않습니다. 눈에 보이는 것 너머를 볼 수 있는 안목, 즉 통찰력을 길러야 해서 쉽지 않습니다. 나와 세상과 이웃과 시대를 통찰하는 공부라 어렵습니다.

또 인문학은 정답을 알려 주는 학문이 아니기 때문에 공부하기 어렵습니다. 인문학은 다양한 삶의 단면을 통해 사람 본연의 모습을 살필 기회를 제공할 뿐입니다. 따라서 자신이 질문을 던지면서 답을 찾아내야 합니다. 그래서 인문학을 '질문의 학문'이라고 합니다.

인문학으로 의미 있는 결과를 만들려면 질문할 수 있어야 합니다. 질문이 없으면 인간을 깊이 이해할 수 없습니다. 겉으로 드러난 것 너머도 볼 수 없습니다. 보이는 것에 보이지 않는 것을 연결 지어 통찰할 수도 없습니다. 보이는 것 너머를 볼 수 없다면 얕은 생각과 지식으로 오늘을 살 수밖에 없습니다.

과거에도 그랬듯이, 앞으로도 보이는 것뿐만 아니라 보이지 않는 것까지 볼 수 있는 능력을 갖추는 것이 중요합니다. 하지만 대부분 청소년은 겉으로 드러난 것을 이해하는 것조차 어려워하는 경우가 많습니다.

4차 산업 혁명 시대는 복잡하고 모호하고 불확실해서 명확하게 정의하기가 힘듭니다. 애매모호한 세상 속에서 겉으로 드러

생각하는 힘을 키우는 십대의 질문법

난 현상도 파악하기 어려운데 어떻게 보이는 것 너머까지 볼 수 있겠어요? 그래서 인문학 공부가 필요합니다. 인문학은 통찰의 학문이며, 보이는 것 너머를 보는 능력을 기르는 학문이기 때문이지요.

인문학은 사람과 삶에 대한 근원적인 질문과 답으로 이루어집니다. '행복이란 무엇인가? 죽음이란 무엇인가? 삶이란 무엇인가? 사랑이란 무엇인가? 일이란 무엇인가? 인공지능이란 무엇인가?' 등등의 질문으로 사람과 삶을 탐구합니다.

그중에서도 가장 대표적인 질문 세 가지가 있습니다. 이 세 가지 질문에 대한 답을 찾아야 의미 있고 행복한 삶을 누릴 수 있지요.

첫 번째 질문은 '나는 누구인가?'입니다. 자신을 통찰할 수 있도록 이끄는 질문입니다. 자신을 알지 못하면 의미 있는 인생, 행복한 인생을 살아갈 수 없습니다. 이 질문에 대한 답이 없다면 방황하게 되고, 원하는 삶의 방향도 찾을 수 없습니다. 당연히 인문학이 추구하는 두 번째 질문에 대한 답도 찾을 수 없습니다.

두 번째 질문은 '어떻게 살아갈 것인가?'입니다. 자신이 누구인지 알아야 어떻게 살아갈 것인지에 대한 답도 찾을 수 있습니다. '왜?'라는 질문에 대한 답이 있어야 '어떻게?'라는 방법이 보이는 것과 같은 이치입니다.

저는 진로 강의를 할 때 진로는 '무엇이 될 것인가?'가 아니라 '어떻게 살아갈 것인가?'를 디자인하는 것이라고 강조합니다. '무엇이 될 것인가?'가 직업을 찾는 물음이라면 '어떻게 살아갈 것인가?'는 그 일을 통해 의미를 추구하는 것이며, 나와 다른 사람이 공존할 수 있는 방법을 찾게 합니다. 더불어 살아가는 삶에 대한 성찰이자 물음이며, 삶의 의미를 다루는 질문입니다.

세 번째 질문은 '어떻게 창조적인 삶을 살다가 죽을 것인가?'입니다. 누구도 흉내 낼 수 없는 창조적인 삶을 살 수 있는 답을 찾는 물음입니다. 의미 있고 아름다운 소멸을 위해 어떤 삶을 추구해야 하는지 성찰을 끌어내는 질문이기도 합니다.

청소년들은 이 질문에 대해 의아해합니다. 아직 살아갈 날이 많기에 드는 의문입니다. 하지만 '어떻게 죽을 것인가?'라는 질문은 먼 훗날의 이야기가 아닙니다. 바로 현재를 살아가는 법을 생각하게 하기에 그렇습니다. 의미 있는 죽음은 오늘의 삶에 있습니다. '어떻게 죽을 것인가?'라는 질문에는 오늘을 성찰한다는 의미가 내포되어 있습니다.

4차 산업 혁명 시대를 주도하는 실리콘 밸리의 천재들에게 어떤 사람이 인재가 될 수 있느냐고 물었습니다. 그러자 그들은 다음 질문에 대해 깊이 생각하고 나누며, 답을 가지고 있어야 한다

생각하는 힘을 키우는 십대의 질문법

고 말했지요.

- 나는 누구인가?
- 나는 왜 사는가?
- 나는 무엇을 위해 살아야 하는가?

위 질문은 인문학이 추구하는 질문과 맥락을 같이합니다. 내 삶의 근원을 밝히는 질문이기 때문입니다. 중요한 점은 누군가 알려 주는 것이 아니라 스스로 질문을 던지고 답을 찾을 수 있어야 한다는 것입니다. 질문이 없다면 창조적인 삶을 살아갈 수 없기에 한 말일 것입니다.

질문을 던지지 못하면 인간을 깊이 이해할 수 없습니다. 자신도 세상도 시대도 통찰할 수 없습니다. 따라서 나에게, 삶에, 세상에, 자연에, 시대에, 인간에게 질문하세요. 질문해야 답을 얻을 수 있습니다. 인문학이 삶의 무기가 되는 것은 질문을 던질 수 있도록 이끌기 때문입니다.

생각과 삶을 바꾸는 질문 훈련

이 챕터의 내용을 토대로 3단계 질문을 차례대로 만들어 보세요.
질문과 함께 답을 꼭 적어야 합니다.

● **1단계: 사실·이해 질문**

    Q: _____

    A:

● **2단계: 추론·사색 질문**

    Q: _____

    A:

● **3단계: 종합·깨달음·적용 질문**

    Q: _____

    A:

생각하는 힘을 키우는 십대의 질문법

유대인은
어떻게 세계 최고가 되었을까

"지혜는 그것을 살리려고 하는 자의 머리 위에서만 빛난다."
- 『탈무드』

유대인은 세계 인구 중 0.2%에 불과합니다. 하지만 이들은 세계를 주도하고 있습니다.

유대인이 노벨상을 받은 비율은 22%이며, 2023년 수상자 중에서는 25%를 차지했습니다. 또한 하버드대학교 학생의 30%를 차지하며, 세계 100대 기업 창업주의 40% 정도라고 합니다. 유대인의 우수성을 나타내는 통계들입니다. 과연 무엇이 세계 인구의 0.2%에 불과한 유대인을 세계 최고가 되게 했을까요?

유대인이 세계 최고가 된 비결은 교육에 있습니다. 교육의 핵심은 신앙 교육과 가정 교육이라는 두 축으로 나뉩니다. 신앙 교육의 바탕을 이루는 두 개의 큰 줄기는『토라^{tôrāh}』와『탈무드 talmud』입니다.『토라』는『구약 성서』앞부분 5권인 모세 오경을 의미하며, 유대인의 율법을 수록해 놓은 책입니다. 유대인은 율법을 생명처럼 지키는데,『토라』가 헌법과 같은 역할을 합니다.

그런데『토라』는 매우 어려워서 이해하려면 해설서가 필요합니다. 그 해설서가『게마라^{gemara}』입니다. 또 글로 기록해 놓지 못한 율법도 존재하는데, 바로『미슈나^{mishna}』입니다. 입에서 입으로 전해 내려온 구전 율법을 말합니다.

『탈무드』는『토라』와 입에서 입으로 전해 내려오는 율법의 해설서를 함께 모은 책입니다. 일상생활에 필요한 지혜를 망라해 수록한 것이지요. 가족, 평화, 전쟁, 죽음, 친구, 교육, 경제, 행복, 유머 등 인생과 관련된 지혜가 담겨 있습니다. 그래서 유대인은 『탈무드』를 '가지고 다니는 조국', '유대인 5,000년의 지혜', '유대인의 혼'이라고 부릅니다. 그만큼 유대인의 삶에 결정적인 역할을 한 것이라는 의미입니다.

유대인은 세 살 때부터『토라』를 암송합니다. 일곱 살 때까지는 완전히 암송할 수 있어야 합니다.『토라』로 신앙의 정체성을 확립하고, 삶 속에서 실천해야 할 덕목들을 어렸을 때부터 확고하게 다져 놓기 위해서지요.

수천 년 동안 축적된 지혜의 보고『탈무드』로는 인생의 지혜를 배웁니다. 어린 시절부터 짝을 지어『탈무드』내용으로 질문하고 대화하고 토론합니다. 살아가면서 필요한 지식과 지혜를 스스로 발견하도록 하기 위해서지요. 정답을 정해 놓은 것이 아니라 스스로 논리를 덧붙이고 자기만의 생각을 가질 수 있도록 끊임없이 논쟁을 이어 갑니다. 합리적인 결론을 도출할 때까지 말이지요.

이런 유대 교육의 핵심은 네 가지로 정리할 수 있습니다.

첫째, 책을 사랑하는 마음입니다. 유대 가정에는 텔레비전이 없습니다. 대신 그 자리에는 책장이 있습니다. 유대인은 스스로 '책의 민족'이라고 밝힐 정도로 책을 사랑합니다.

둘째, 독서 능력입니다. 책을 사랑한다는 것은 책에 담긴 내용을 사랑한다는 뜻입니다. 책만 쌓아 놓고 그럴듯하게 보이기 위한 목적이 아닙니다. 혹시 책으로 자신을 그럴듯하게 포장하려고 하는 사람이 있다면 따끔하게 충고합니다. "책만 잔뜩 지는 당나귀는 되지 마라."라고 말이지요. 책을 읽고도 그 의미를 깨닫지 못하는 사람에게 날리는 일갈입니다.

셋째, 질문하는 능력입니다. 우리나라 부모들은 학교를 다녀온 아이에게 "오늘 선생님 말씀 잘 들었니?"라고 묻습니다. 유대 부모들은 "오늘 선생님에게 무슨 질문을 했니?"라고 묻는다고 합니다. 무엇을 배웠는지보다 질문하는 능력을 중요하게 여기는 것이지요. 이처럼 유대인의 공부 핵심은 바로 질문에 있습니다.

넷째, 하브루타 교육법입니다. 하브루타는 '친구, 부모, 교사와 짝을 지어 질문하고 대화하고 토론하고 논쟁하는 것'을 말합니다.

유대인은 수천 년 동안 하브루타로 교육을 이끌어 왔습니다. 때로는 어린아이와 나이가 많은 스승이 서로 질문을 주고받으며 갑론을박 논리를 펼치기도 합니다. 어린아이라고 무시하거나 권위로 제압하지 않습니다. 한 사람의 인격체로 존중하며 질문을 던지고 답을 합니다. 하나의 주제에 대한 진지한 성찰은 생각의 깊이를 더하고, 자기만의 생각을 만들어 냈습니다. 그렇게 찾은 답으로 유대인은 성공 신화를 써 나갔습니다.

유대인이 세계 최고가 된 비결은 질문을 던지며 그 안에서 지혜를 벼려 낸 데에 있습니다. 질문은 나라 없이 세계를 떠돌던 민족이 세계를 주도하도록 이끌었습니다. 질문하는 능력이 오늘 유대 민족을 있게 한 것입니다.

생각하는 힘을 키우는 십대의 질문법

생각과 삶을 바꾸는 질문 훈련

이 챕터의 내용을 토대로 3단계 질문을 차례대로 만들어 보세요.
질문과 함께 답을 꼭 적어야 합니다.

- **1단계: 사실·이해 질문**

    Q: _____

    A:

- **2단계: 추론·사색 질문**

    Q: _____

    A:

- **3단계: 종합·깨달음·적용 질문**

    Q: _____

    A:

책의 봉인을 해제하는
독서 기술

"모든 책은 빛이다.
다만 그 빛의 밝기는 읽는 사람이 발견하는 만큼 밝아질 수 있다.
결국 독자에 따라서 그것은 빛나는 태양일 수도, 암흑일 수도 있다."
- **모티머 애들러**(미국 철학자)

책을 읽는 목적은 제각각입니다. 저마다 자신이 추구하는 목적에 따라 책을 집어 듭니다.

청소년기의 독서는 공부를 잘하기 위한 도구가 되는 경우가 많습니다. 독서가 성적을 올리는 데 효과적이라고 해서 책을 읽습니다. 실제 책을 잘 읽은 학생은 그렇지 않은 학생보다 성적이 높습니다. 읽기 능력은 독해 능력을 향상해 성적을 끌어올리고, 배경지식도 탄탄하게 해 줍니다. 하지만 성적을 올리는 데 초점을 맞춘 독서는 반쪽짜리입니다. 독서는 좋은 성적보다 더 큰 선물을 우리에게 주기 때문입니다.

지식을 얻기 위해 책을 읽는 사람도 많습니다. 정보가 한정된

생각하는 힘을 키우는 십대의 질문법

때에는 지식을 습득하기 위한 독서가 힘을 발휘했습니다. 하지만 이제는 지식을 많이 알고 있다고 해서 의미 있는 결과를 만들어 낼 수 없습니다. 지금은 검색만 하면 세상의 지식과 정보를 손쉽게 얻을 수 있는 시대이기 때문입니다. 이제는 어디서든 쉽게 쌓을 수 있는 지식으로 생각의 질을 높여 창조적인 삶을 살아가는 사람에게 기회의 문이 활짝 열려 있습니다.

지식 습득에 초점이 맞춰지면 빨리 읽으려고 합니다. 정해진 시간 안에 빨리 읽어야 더 다양한 지식을 쌓을 수 있기 때문입니다. 빨리 읽는 능력이 있으면 성적을 올리는 데 도움이 된다며 속독에 관심을 두는 청소년도 많습니다. 빨리 읽으며 내용을 이해하고 생각의 깊이까지 보탠다면 더할 나위 없습니다. 하지만 쉽지 않은 일입니다.

하버드대학교의 하워드 가드너 교수는 그 의미를 "지문을 빨리 읽거나 수학 문제를 빨리 푸는 능력에 달려 있는 과제는 사실 인생에서는 드물다. 학문에서는 아주 드물다."라고 풀어냈습니다.

세계적인 문학가 헤르만 헤세도 빨리 읽는 것을 경계했습니다.

"독서도 다른 취미와 마찬가지여서, 우리가 애정을 기울여 몰두할수록 점점 더 깊어지고 오래간다. 책은 친구나 연인을 대할 때처럼 각각의 고유성을 존중해 주며, 그의 본성에 맞지 않는 다른 어떤 것도 요구하지 말아야 한다. 또한 무분별하게 후다닥 해치우듯 읽어서도 안 되며, 받아들이기 좋은 시간에 여유를 가지고 천천히 읽어야 한다."●

속도보다 중요한 것은 책이 주는 메시지를 읽어 내고 생각의 깊이를 더하는 것입니다. 깨달음과 지혜를 얻어 삶의 변화를 일으키는 것입니다.

빠르게 읽어도 깨닫고 향유하며 삶의 변화까지 추구할 수 있다면 괜찮습니다. 그렇지 않다면 천천히 읽기를 권합니다. 천천히 읽으면서 사유하며 삶을 변화시킬 단서를 찾아야 합니다. 독서는 얼마나 빨리 읽으며 지식을 쌓는지가 아니라 생각의 질을 높이고 지혜를 만들어 내는 것에 있습니다. 사유의 힘을 키우고 깨달음을 얻는 것이지요. 생각이 달라지지 않는 독서, 지혜가 생성되지 않는 독서도 반쪽짜리에 불과합니다.

생각하는 힘을 키우고 지혜를 얻으려면 눈으로 텍스트만 좇아서는 안 됩니다. 아무 생각 없이 글자만 따라가는 것은 읽는 것이 아닙니다. 독서는 텍스트 속에 담긴 의미를 읽어 내는 것입니다. 저

● 헤르만 헤세, 『헤르만 헤세의 독서의 기술』, 뜨인돌, 2006.

생각하는 힘을 키우는 십대의 질문법

자가 텍스트로 전한 메시지를 찾아내 내 것으로 만들어야 합니다.

그러려면 질문이 필요합니다. 질문이 있어야 책도 답을 알려 줄 수 있습니다. 질문을 마음에 담고 읽다 보면 어느 순간 질문과 연결된 답을 만나게 됩니다. 질문을 되뇌는 사람은 책 속에서 번뜩이는 아이디어와 깨달음을 얻습니다. 하지만 질문이 없으면 수동적으로 읽게 되므로 깊은 사고를 하기 힘듭니다.

독서법의 고전으로 불리는 『생각을 넓혀 주는 독서법』에서는 "책 읽는 '기술'이란 바로 묻고 답하는 데 익숙해진 능력을 갖춘 것을 말한다."라고 전하고 있습니다. 글을 읽으면서 질문을 던질 수 있어야 하고, 더 나아가 질문에 자세하고 정확하게 답할 줄 알아야 더 잘 읽을 수 있다는 의미지요.

책의 봉인을 해제하는 기술은 질문에 있습니다. 저자가 책 속에 봉인해 둔 삶의 지혜는 질문을 던질 수 있는 사람의 것입니다. 책에 질문을 던질 수 있어야 책도 답을 주기 때문이지요.

질문에 열려 있을 때 책이 우리에게 던지는 질문도 발견할 수 있습니다. 평소에 질문을 던지고 답을 찾고, 책이 던져 주는 질문의 답을 찾으려고 할 때 우리의 생각은 깊고 넓어지며 생각의 질도 향상됩니다. 생각하는 힘이 강하면 복잡하고 모호하고 불확실한 4차 산업 혁명 시대도 거뜬히 이겨 낼 수 있습니다.

생각과 삶을 바꾸는 질문 훈련

이 챕터의 내용을 토대로 3단계 질문을 차례대로 만들어 보세요.
질문과 함께 답을 꼭 적어야 합니다.

● **1단계: 사실·이해 질문**

Q: _____

A:

● **2단계: 추론·사색 질문**

Q: _____

A:

● **3단계: 종합·깨달음·적용 질문**

Q: _____

A:

생각하는 힘을 키우는 십대의 질문법

깨달음을 얻는 독서 방법

"인간에게는 누구나 인생과 우주에 대해 질문을 던지고
답을 찾을 수 있는 능력이 있다."
- 베르나르 베르베르(프랑스 소설가)

우리는 변화를 추구하기 위해 책을 읽습니다. 어제보다 더 깊은 생각과 사고로 시야를 넓히고, 더 나은 삶을 살기 위해 읽지요. 변화의 높이와 깊이와 너비는 사람마다 다릅니다. 우리가 추구해야 하는 것은 어제와 다른 오늘의 나입니다. 이를 위해 사색하고 의문을 품고 질문을 던지는 것이지요.

우리는 질문을 던지며 지식이 아닌 지혜를 얻어야 합니다. 지혜는 깨달음에서 비롯됩니다. 구슬이 지식이라면 지혜는 그것을 꿰어 보배로 만드는 능력입니다.

지식은 인간을 변화시키지 못합니다. 근본적인 삶의 변화는 본질을 통찰하는 지혜가 있을 때 생겨납니다. 다산 정약용은 이런 독서를 '문심혜두(文心慧竇)'를 여는 것이라고 했습니다. 글쓴이의 마음을 깨달아 알고, 그것을 바탕으로 지혜의 문을 여는 것입니다. 막혔던 생각이 뚫리는 현상입니다.

『잃어버린 시간을 찾아서』의 저자 마르셀 프루스트도 "작가의 지혜가 끝나는 곳에서 우리의 지혜가 시작된다는 것이 사뭇 사실이라고 느껴진다."라며 책을 읽고 난 후 깨달음이 있어야 한다고 했습니다. 그런 과정을 거쳐야 지혜가 발현됩니다.

헤르만 헤세는 독서의 세 가지 유형을 다음과 같이 이야기했습니다.

> "첫째는 순진한 독자다. 마치 음식을 먹듯이 책을 대하는 독자로, 배불리 먹고 마시듯 그대로 받아들인다. (…) 말과 마부의 관계와 같다. 책은 이끌고 독자는 따라가는 수동적인 독서다.
> 둘째는 천진난만함과 탁월한 유희 본능을 보여 주는 경우다. 마부를 따르는 말이 아니라 마치 사냥꾼이 짐승의 자취를 더듬듯 작가를 추적하는 독서를 말한다.
> 셋째는 너무나 개성적이고 자신에게 충실해서, 무엇을 읽든 완전히 자유로운 태도로 대한다." ●

● 헤르만 헤세, 『헤르만 헤세의 독서의 기술』, 뜨인돌, 2006.

헤세는 자유로운 태도로 자신에게 맞게 해석하고 깨닫는 독서가 의미 있다고 말합니다. 책 내용에 매몰되지 말고, 공격하지도 말고, 자신의 지혜로 만들어야 한다는 것이지요.

깨달음은 책을 읽으며 사색한 것을 바탕으로 '무엇을 어떻게' 할지에 대한 자기 생각입니다. 주관적인 생각으로 세상을 어떻게 살아갈 것인지를 벼려 내는 것이지요. 저는 이것을 '가치를 덧입히는 과정'이라 부릅니다. 어떤 가치를 바탕 삼아 살아갈 것인가를 정립하는 과정이지요.

깨닫는 것은 인생의 갈림길에서 선택의 기준을 세우는 것입니다. 어떤 어려움 속에서도 굳건하게 버틸 수 있는 중심 추입니다. 유혹의 손길이 다가올 때 과감하게 뿌리칠 수 있는 용기입니다.

미국 시카고대학교는 한때 삼류 대학교였습니다. 하지만 제5대 총장 로버트 허친스가 부임한 후로는 완전히 다른 대학교가 되었지요.

그는 '시카고 플랜chicago plan'이라는 교육 정책을 시행했습니다. 인문 교양 교육의 목적으로 세계의 위대한 고전 100권을 읽게 하는 정책이었습니다. 허친스 총장은 학생들에게 다음과 같은 세 가지 과제도 주었습니다.

첫째, 역할 모델을 발견하라.

둘째, 인생의 모토가 될 만한 영원불변한 가치를 발견하라.

셋째, 그 가치에 따른 꿈과 비전을 품어라.

시카고대학교는 시카고 플랜을 펼친 후부터 더 이상 삼류가 아니었습니다. 1929년부터 2000년까지 졸업생들이 받은 노벨상이 무려 73개나 되었기 때문입니다.

노벨상은 인류 발전에 공헌한 사람들에게 주는 상입니다. 바람직한 가치의 토대가 있어야 이룰 수 있는 업적이지요. 인문 고전을 읽으며 깨달은 바에 영원불변한 가치를 품도록 한 것이 시카고대학교의 운명을 바꾼 비결이었습니다.

깨달음은 저자의 것을 비틀고 의심하고 따져 보고 질문할 때 생깁니다. 이 외에도 깨달음을 얻는 방법은 다양합니다. 어떤 방법이든 잠들어 있는 자기 생각을 깨우고, 삶을 변화시킬 수 있는 것이라면 시도해 보세요. 깨달아야 '나'라는 존재에게 가능성과 변화를 선물할 수 있으니까요.

생각하는 힘을 키우는 십대의 질문법

생각과 삶을 바꾸는 질문 훈련

이 챕터의 내용을 토대로 3단계 질문을 차례대로 만들어 보세요.
질문과 함께 답을 꼭 적어야 합니다.

● **1단계: 사실·이해 질문**

    Q: _____

    A:

● **2단계: 추론·사색 질문**

    Q: _____

    A:

● **3단계: 종합·깨달음·적용 질문**

    Q: _____

    A:

Part 2

기초가 탄탄해야
생각과 질문 능력이 커진다

인간 지능은
트리비움으로 계발된다

"사람들이 꿈을 이루지 못한 한 가지 이유는
그들이 생각을 바꾸지 않으면서 결과를 바꾸고 싶어 하기 때문이다."
- **존 맥스웰**(미국 작가)

공부든 삶이든 생각이 중요합니다. "생각이 행동을 낳고, 행동이 습관을 낳고, 습관이 성격을 낳고, 성격은 운명을 바꾼다."라는 사상가 에머슨의 말처럼 생각이 모든 것의 출발점입니다. 생각하는 힘, 생각의 깊이, 생각의 질이 좋아야 공부를 잘할 수 있고 삶도 바꿀 수 있습니다.

2016년 3월 알파고와 이세돌 기사 간 세기의 바둑 대결이 펼쳐졌습니다. 당연히 인간이 인공지능을 이길 것이라고 예상했지만, 대결은 알파고의 압승으로 마무리되었습니다. 이 장면을 지켜본 문학 평론가 이어령은 이렇게 말했습니다.

생각하는 힘을 키우는 십대의 질문법

"우리가 떠들어야 할 건 인공지능 AI가 아니라 바로 인간 지능 HI구먼!"

사람들은 고도화된 인공지능을 보며 '인공지능의 공포' 혹은 '인공지능의 습격'이라고 말했습니다. 인간의 삶을 위협할 것이라고 우려하는 목소리였지요. 이때 이어령 교수는 인간 지능을 향상하는 것이 해결책이라고 말했습니다.

인간 지능은 '생각하는 능력, 생각하는 과정에서 생성된 지혜, 사물이나 현상의 의미를 이해하고 처리하는 지적 활동 능력'을 뜻합니다. 생각하는 능력을 향상하는 사람이 인공지능 시대를 슬기롭게 준비하고 극복할 수 있다는 의미지요.

인간 지능을 계발하는 구조의 핵심은 '트리비움trivium'에 있습니다. 트리비움은 문법, 논리학, 수사학을 뜻하는 라틴어이고, 인문학 공부법이자 고전 공부법입니다. 세상의 지식 콘텐츠는 트리비움 구조 안에서 작동되고 생산됩니다.

트리비움의 구조를 잘 이해하고 공부한다면 이전과 다른 차이를 만들어 낼 수 있습니다. 이해를 돕기 위해 트리비움의 원리를 표로 설명하겠습니다.

첫 번째로 문법은 수용, 즉 오감을 작동하며 받아들이는 과정입니다. 세상의 지식을 듣고 보고 배우고 경험하고 읽으며 자신

트리비움의 구조 이해도		
문법(grammar)	**논리학(logic)**	**수사학(rhetoric)**
수용성	논리력	표현력
지식의 수용성	지식의 관계성	재구성된 지식과 지혜
읽기/듣기/보기	생각/사색하기	쓰기/말하기/삶
정보 축적	정보 이해	정보 활용
모으기	이어 붙이기	완성하기
입력	정보 처리	출력
먹고	소화하고	배출/성장

안에 축적하는 단계입니다. 내가 완성하고 싶은 퍼즐이 있다면 그 퍼즐 하나하나를 그러모으는 단계입니다.

똑같이 수업을 듣고 책을 읽어도 잘 이해하는 사람이 있고 그렇지 못한 사람이 있습니다. 이것은 수용력의 문제이며, 이해력의 차이입니다.

이해력이 좋지 않으면 수용한 것을 자신의 것으로 만들 수 없습니다. 밑 빠진 독에 물 붓는 셈이지요. 그래서 수용력을 향상해야 합니다. 문법 단계에서 의미 있는 결과를 만들지 못하면 논리와 수사의 영역까지 다다를 수 없습니다.

생각하는 힘을 키우는 십대의 질문법

두 번째는 논리학입니다. 논리는 수용된 지식과 정보를 자신의 것으로 만드는 과정입니다. 듣고 보고 읽고 배운 것은 내 것이 아닙니다. 선생님과 저자의 것이지요. 그것을 내 것으로 만들려면 저자의 지식, 정보, 메시지에 자기 생각과 논리를 덧입히고 사색하고 질문해야 합니다. 끊임없이 파고들고 분석하고 분류하며, 지식과 정보에 질서를 부여해야 합니다.

또한 추론 능력까지 더해 자신만의 것으로 체계화할 수 있어야 합니다. 자신의 것으로 체계화하지 못하면 의미 있는 표현으로 이어질 수 없습니다. 수용된 것을 그대로 표현하면 표절이며, 이는 저작권법 위반입니다. 논리 단계는 수용된 것을 나만의 무기로 탈바꿈하는 과정입니다.

세 번째는 수사학입니다. 수사(修辭)는 수용하고 이해하고 체계화한 지식과 정보를 말, 글, 삶으로 나타내는 과정입니다. "저 학생은 실력이 있어.", "저 학생은 인성이 좋아.", "저 학생은 장래가 밝아." 이런 평가는 모두 그 사람이 표현한 것을 토대로 판단한 것입니다.

우리는 흔히 "알긴 알겠는데 설명이 어려워요."라고 합니다. 설명을 못 하는 것은 아무리 열심히 배우고 익혀도 모르는 것입니다. 밤을 새워 공부했지만 시험지에 답을 적지 못하는 것과 같지요. 실력 있는 사람, 능력 있는 사람, 인성이 좋은 사람은 모두 그에 걸맞은 표현을 잘하는 사람입니다.

　문법, 논리, 수사는 유기적으로 작동합니다. 한 가지만으로는 좋은 결과를 만들어 낼 수 없습니다. 따라서 무언가를 수용했다면 바로 사색하고 질문하며 나만의 논리를 덧입혀 효과적으로 표현해야 합니다. 어떤 것이든 보고 배우고 읽는다면 반드시 논리와 수사로 연결해야 인간 지능이 향상됩니다.

　트리비움 능력을 향상하는 도구는 역시 질문입니다. 책을 왜 읽느냐는 질문에 답이 있는 사람은 스마트폰을 놓고 책을 집어듭니다. 저자와 질문을 주고받으며 읽어야 내용을 이해하고 저자의 의도도 파악할 수 있습니다. 질문을 던져야 깊이 사색하고 나만의 생각과 논리를 덧입힐 수 있습니다. 자신만의 콘텐츠로 바꾸어서 표현할 때도 질문이 필요합니다.

　책을 읽거나 공부할 때 트리비움 구조를 생각하며 접근해 보세요. 잘 수용하고, 나만의 생각과 논리로 체계화하고, 효과적으로 표현할 수 있도록 훈련해 보세요. 트리비움을 훈련한 사람이 인간 지능을 향상하고 자기 삶을 창조할 수 있습니다. 세상이 시키는 일이 아니라 내가 걷고 싶은 길을 힘차게 걸을 수 있습니다.

생각과 삶을 바꾸는 질문 훈련

이 챕터의 내용을 토대로 3단계 질문을 차례대로 만들어 보세요.
질문과 함께 답을 꼭 적어야 합니다.

● **1단계: 사실·이해 질문**

Q: _____

A:

● **2단계: 추론·사색 질문**

Q: _____

A:

● **3단계: 종합·깨달음·적용 질문**

Q: _____

A:

보는 사람이 되지 말고
읽는 사람이 되자

"한 권의 책을 읽음으로써
자신의 삶에서 새 시대를 본 사람이 너무나 많다."
– 헨리 데이비드 소로(미국 철학자)

책은 보는 것이 아니라 읽는 것입니다. 보는 것과 읽는 것이 무슨 차이가 있느냐고 반문할 수도 있습니다. 하지만 보는 것과 읽는 것은 하늘과 땅만큼이나 차이가 납니다.

'보다'를 사전에서 찾아보면 '눈으로 대상의 존재나 형태적 특징을 알다'라고 나옵니다. 겉으로 드러난 현상을 볼 때 하는 말이지요. '읽다'를 사전에서 찾아보면 '글을 보고 거기에 담긴 뜻을 헤아려 알다'라고 나옵니다. 글에 담긴 뜻, 즉 저자의 의도를 살피는 단계까지 이를 때 '읽는다'고 하는 것입니다.

읽어 내려면 문해력이 뒷받침되어야 합니다. '문맹'과 '문해'는 다릅니다. 문맹은 '기초적인 읽기 및 쓰기 능력이 없음'이라는 뜻

생각하는 힘을 키우는 십대의 질문법

입니다. 한마디로 글자를 모르는 것이지요. 문해는 '글을 읽고 의미를 이해함'이라는 뜻입니다. 글자 속에 담긴 의미와 뜻을 이해하는 것이지요. 글을 읽었지만 의미를 이해하지 못했다면 읽은 것이 아니라 본 것입니다.

우리나라 정부는 코로나19 팬데믹 상황 때 '마스크 5부제'를 시행한다고 안내했습니다. 하지만 안내문 내용을 이해하지 못한 사람들은 약국으로 달려가서 마스크를 달라고 아우성쳤지요. 약사들은 아무리 설명해도 사람들이 이해하지 못한다면서 5부제를 다섯 손가락으로 설명하기도 했습니다. 어떤 약국은 그림을 그려서 안내문을 붙이기도 했지요.

학교 현장에서도 학생들이 수업 내용을 잘 이해하지 못해 정상적인 수업 진행이 어렵다는 선생님들의 우려 섞인 목소리가 들립니다. 모두 문해력 저하 때문에 벌어진 사회 현상입니다.

2021년에 방영된 EBS 프로그램 〈당신의 문해력〉에서는 우리나라 중학생들의 문해력을 엿볼 수 있었습니다. 전국 중학교 3학년 2,400여 명을 대상으로 어휘력 평가를 했지요.

0~43점은 교과서 내용을 파악하기 어려운 수준이고, 44~87점은 전반적인 내용만 이해할 수 있는 수준입니다. 88~100점은

세부 내용 파악이 가능해 교과서를 이해하는 데 문제가 없는 수준입니다. 그런데 충격적이게도 10명 중 단 1명만이 교과서를 혼자 이해하고 공부할 수 있다는 결과가 나왔습니다. 나머지는 누군가의 도움 없이는 교과서를 읽고 이해할 수 없는 상황이었지요.

전문가들은 문해력이 낮아진 이유를 미디어 발전에서 찾습니다. 어휘가 미디어 수준에 맞춰지면서 글을 이해하지 못한다는 것입니다.

요즘에는 줄임말도 많이 씁니다. 빠르게 메시지를 전달하려다 보니 단어나 문장 길이를 줄여서 표현합니다. 동영상 시청이 많다 보니 자막으로 영상 내용을 이해하기도 합니다. 그 자막도 짧고 간결하지요. 그러다 보니 긴 글이나 깊이 있는 글이 나오면 이해하기 힘든 것입니다.

문해력 저하의 가장 큰 이유는 독서에 있습니다. 독서는 문해력을 기르는 데 최고의 도구입니다. 하지만 2023년 국민 독서 실태 조사에 따르면 우리나라 성인의 연간 종이책 독서율은 32.3%입니다. 성인 10명 중 7명은 1년간 단 한 권의 종이책도 읽지 않았다는 의미입니다.

청소년의 종이책 독서율은 93.1%로 성인보다 높은 편이지만,

29.4%가 학업에 필요해서 읽었습니다. 인문 고전 등 삶에 피가 되고 살이 되는 책을 자발적으로 읽지 않으니 문해력이 줄어드는 것입니다.

보지 않고 읽어 내는 능력을 키우려면 어떻게 해야 할까요?

먼저 보는 방식이 변화해야 합니다. 예술가 다빈치는 보는 방식에는 세 가지가 있다고 했습니다.

첫째, 보려는 사람

둘째, 보여 주면 보는 사람

셋째, 아무리 보여 줘도 안 보는 사람

보려고 하면 다르게 보이고 창조적으로 생각할 수 있습니다. 무심코 지나치는 일상의 모든 것을 적극적으로 보려고 해 보세요. 그러면 스치는 바람도 나에게 의미가 있다는 것을 깨닫게 됩니다.

책도 보려고 해야 합니다. 보려고 한다는 것은 적극적인 태도입니다. 책 내용, 저자의 의도, 책이 주는 메시지를 알고 싶어 하는 태도지요. 책을 읽으며 생각의 질을 높이고 지혜를 얻겠다는 의지고요. 한마디로 질문이 있는 사람입니다. 질문이 있으면 반드시 답을 찾을 수 있습니다.

그러므로 보고 질문하는 태도로 접근해야 합니다. 자신과 책, 저자에게 질문을 던지며 읽어 내야 합니다. 그래야 생각이 변하고 보이지 않는 것을 볼 수 있습니다.

보이는 것을 있는 그대로 표현하면 실력자로 인정받기 힘듭니다. 남들도 보고 알고 있는 것이기 때문입니다. 보이는 것에서 보이지 않는 것을 보고 표현하는 사람이 차별화된 자신을 만들어 갑니다. 남들이 보지 못하는 것을 보고 표현하기 때문입니다. 읽어 낸 것으로 표현했기에 실력이 있다고 말하는 것입니다.

그러므로 보지 말고 읽으세요. 보이는 것 너머에 무엇이 있는지 보려고 하세요. 보려고 해야 보이지 않는 것을 읽어 낼 수 있습니다.

생각하는 힘을 키우는 십대의 질문법

생각과 삶을 바꾸는 질문 훈련

이 챕터의 내용을 토대로 3단계 질문을 차례대로 만들어 보세요.
질문과 함께 답을 꼭 적어야 합니다.

● **1단계: 사실·이해 질문**

    Q: _____

    A:

● **2단계: 추론·사색 질문**

    Q: _____

    A:

● **3단계: 종합·깨달음·적용 질문**

    Q: _____

    A:

어휘 수준이
생각 수준을 결정한다

"삶의 질을 높이려면,
끊임없이 자신에게 던지는 질문을 바꾸어 가야 한다."
– **앤서니 로빈스**(미국 작가)

책을 보지 않고 읽어 내려면 문해력이 좋아야 합니다. 문해력은 글자 속에 담긴 저자의 의도를 해석하는 능력이며, 행간에 숨겨진 의도를 파악하는 능력입니다. 또한 글의 핵심이 무엇인지 집어내는 능력이며, 저자의 메시지로 나를 읽어 내는 능력입니다. 문해력은 글자를 읽는 것이 아니라 나와 세상을 읽어 내는 행위입니다. 문해력이 좋으면 당연히 성적도 좋아집니다.

문해력을 키우는 방법은 여러 가지가 있는데, 첫째 기둥은 어휘입니다. 문장을 이해하려면 글의 가장 기본 단위인 어휘를 제대로 알아야 합니다.

생각하는 힘을 키우는 십대의 질문법

어휘가 모여 문장이 되고, 문장이 모여 문단이 되고, 문단이 모여 하나의 주제가 있는 글이 됩니다. 주제가 있는 글이 모이면 책이 되지요. 따라서 책을 잘 읽는 능력을 높이려면 먼저 어휘의 의미와 쓰임새를 제대로 파악해야 합니다.

『My Note 200 어휘력 사전』을 쓴 장대은 작가는 "생각은 어휘와 어휘, 그것들의 조합으로 이루어진다. 사고력 향상을 위해 제일 먼저 익혀야 할 기술은 어휘를 다루는 기술이다."라고 했습니다. 그는 트리비움 능력과 사고력을 향상하려면 먼저 어휘를 제대로 익히는 것이 중요하다고 강조합니다. 새로운 어휘를 이해할 때 사고가 확장되고, 생각의 너비와 깊이도 생기기 때문입니다.

공부와 삶의 차이는 어휘로 갈립니다. 부자는 부자의 어휘를, 의사는 의사의 어휘를, 법조인은 법조인의 어휘를 씁니다. 음악, 게임, 유튜브 등도 관련 어휘를 익혀야 발전할 수 있습니다. 어휘를 모르면 그 세계에 깊이 들어갈 수 없고 이해하기도 힘듭니다.

언어 철학자 비트겐슈타인은 "내 언어의 한계는 내 세계의 한계다."라고 했습니다. 자신이 알고 있는 언어만큼 느끼고 사유하고 성장할 수 있다는 의미입니다. 언어 수준이 생각 수준을 결정하고, 생각 수준에 따라 자신의 범위가 결정됩니다. 어휘가 자기 세계의 크기까지 결정짓는 것이지요.

책을 읽다가 모르는 어휘가 나오면 그냥 넘어가지 마세요. 반드시 어휘와 관련된 개념과 의미, 정의를 파악해야 합니다. 그 의미를 실학자 다산 정약용이 둘째 아들 학유에게 보낸 편지로 이해해 볼까요?

> "그저 읽기만 하면 비록 하루에 천 번 백 번을 읽는다 해도 안 읽은 것과 같다. 무릇 독서란 매번 한 글자라도 뜻이 분명하지 않은 곳과 만나면 모름지기 널리 고증하고 자세히 살펴 그 근원을 얻어야 한다. 그러고 나서 차례차례 설명해 글로 짓는 것을 날마다 일과로 삼아라." ●

정약용은 유배지에서 아들 공부를 위해 간절한 마음으로 편지를 썼습니다. 모르는 어휘를 만나면 어떻게 해야 하는지 지혜를 선물했지요. 모르는 어휘는 철저히 이해하고 자신의 언어로 설명할 수 있는 단계까지 이르러야 한다고 강조했습니다. 자신의 언어로 설명할 수 있을 때 비로소 안다고 인정받을 수 있기 때문입니다.

그렇다면 어떻게 해야 어휘로 문해력을 키울 수 있을까요?

● 정민, 『다산선생 지식경영법』, 김영사, 2006.

첫째, 글을 읽다가 모르는 어휘가 나오면 먼저 유추하며 문장을 이해하려고 해야 합니다. 이때도 질문을 활용하면 좋습니다.

- 이 어휘에는 어떤 의미가 담겨 있을까?
- 문장 안에서 이 어휘와 연관된 다른 어휘는 무엇일까?

글 속의 어휘는 다른 어휘와 밀접한 관계를 맺으며 하나의 문장을 만들어 갑니다. 문장은 앞뒤 문장과 연결되어 하나의 문단을 이루며 메시지를 전달합니다. 하나의 어휘가 따로 존재하는 것이 아니지요. 따라서 전체 문장 속의 관계를 통해 어휘를 유추하는 훈련이 필요합니다. 문맥을 통해 어휘의 의미를 추측하며 읽다 보면 글을 읽어 낼 수 있습니다.

또한 유추한 어휘의 뜻을 자신의 언어로 적어 보는 것도 좋습니다. 스스로 어휘를 정의하는 과정에서 사고력이 향상되기 때문입니다.

둘째, 사전을 이용해 확실하게 어휘의 의미와 개념을 익혀야 합니다. 유추한 것만으로는 부족하고, 정확하게 알지 못하면 이해하는 데 한계가 있습니다. 따라서 반드시 사전을 통해 근원을 얻어야 합니다.

자신이 유추한 내용과 비교 분석해 보는 것도 필요합니다. 비교 분석하는 과정에서 사고력이 향상되고 읽어 내는 능력도 확장됩니다.

셋째, 새롭게 알게 된 어휘를 토대로 '한 문장 쓰기'를 해 보세요. 스스로 문장 짓기를 해 봐야 어휘의 개념을 확실하게 알 수 있습니다. 두루뭉술하게 알면 쓸 수 없습니다. 어휘를 토대로 글 짓는 것을 일과로 삼으면 문해력은 저절로 향상됩니다.

넷째, 위 세 가지 훈련으로 어휘력을 향상해야 합니다. 어휘력은 어휘를 마음대로 부려 쓸 수 있는 능력입니다. 어휘력은 문해력을 키울 뿐만 아니라 나만의 콘텐츠를 만들고 내 삶을 살게 하는 토대가 됩니다. 문해력의 꽃은 어휘를 나만의 방식으로 자유롭게 변형해 부리는 것입니다.

지금 내가 쓰고 있는 어휘는 현재 내 생각과 지식 수준입니다. 생각 수준을 높이고 성장하려면 그에 걸맞은 어휘를 부릴 줄 알아야 합니다.

따라서 모르는 어휘는 꼭 알고 넘어가세요. 자신의 것으로 만들어 활용하는 단계까지 훈련하세요. 지금 공부하고 있는 분야의 어휘에 익숙해지세요. 자신의 꿈과 연관되는 어휘도 공부하세요. 그러면 어제와 다르게 생각하며 살아가는 자신을 발견할 것입니다.

생각하는 힘을 키우는 십대의 질문법

문해력을 높이는 어휘력 향상 훈련

책을 읽거나 공부하면서 모르는 어휘를 아래처럼 정리해 보세요.

▶ **모르는 어휘:** _____

   • 어휘가 나온 문장: _____
   • 내가 추측한 정의: _____
   • 사전에 나온 정의: _____
   • 한 문장 쓰기: _____

▶ **모르는 어휘:** _____

   • 어휘가 나온 문장: _____
   • 내가 추측한 정의: _____
   • 사전에 나온 정의: _____
   • 한 문장 쓰기: _____

▶ **모르는 어휘:** _____

   • 어휘가 나온 문장: _____
   • 내가 추측한 정의: _____
   • 사전에 나온 정의: _____
   • 한 문장 쓰기: _____

배경지식이 탄탄해야
문해력이 향상된다

"당신에게 가장 필요한 책은
당신으로 하여금 가장 많이 생각하게 하는 책이다."
- **마크 트웨인**(미국 소설가)

문해력을 키우는 두 번째 기둥은 배경지식입니다. 배경지식은 '어떤 일을 하거나 연구할 때 이미 머릿속에 들어 있거나 기본적으로 필요한 지식'을 뜻합니다. 예비지식, 바탕 지식이라고도 하지요. "아는 만큼 보인다."는 배경지식을 두고 한 말입니다.

배경지식은 건물의 기초 공사와 같습니다. 기초가 탄탄하지 않으면 높은 건물을 지을 수 없듯이 배경지식이 없으면 글을 이해하기 힘듭니다. 각 분야에서 성장하려면 그 분야의 배경이 되는 지식을 먼저 습득해야 합니다. 예비지식이 있으면 이해가 쉽고, 변형해서 사용하기도 쉽기 때문입니다.

책도 다르지 않습니다. 저자는 메시지를 돋보이게 하기 위해

생각하는 힘을 키우는 십대의 질문법

배경을 깔아 둡니다. 독자의 이해를 돕고, 메시지가 독자에게 효과적으로 다가갈 수 있도록 준비 작업을 합니다. 저자는 친절하게 배경을 풀어 주려고 노력하지만, 지면이 허락하지 않아 말해 주지 못할 때가 있습니다. 아주 기본이 되는 배경지식은 생략할 수도 있습니다.

이렇게 생략된 배경은 독자가 자신의 배경지식으로 이해해야 합니다. 배경지식이 없으면 글을 이해하는 데 한계를 느낍니다. 부분으로 전체를 오해할 수도 있습니다. 잘못된 배경지식은 우리를 엉뚱한 곳으로 안내할 수도 있습니다.

배경지식을 쌓는 가장 좋은 방법은 독서입니다. 하지만 배경지식 없이 독서를 하면 독해가 되지 않습니다. 글을 읽어도 이해할 수 없지요. 배경지식이 탄탄하면 저자의 주장을 쉽게 간파하고 이해할 수 있다는 장점이 있습니다.

배경지식을 쌓으려면 다음과 같은 방법을 훈련하면 좋습니다.

첫째, 기본기부터 익히는 것입니다. 어떤 분야든 기본이 되는 것이 있습니다. 수학 문제집을 풀고 이해하기 위해 산수를 익히는 것과 같습니다. 수의 성질, 셈의 기초 등을 알아야 난이도 있는 공식도 익힐 수 있습니다.

따라서 배경지식을 쌓으려면 자신이 관심을 두고 있는 분야의 기초 내용부터 배워야 합니다. 그런 다음 수준을 높이면서 배경지식을 쌓아 가야 합니다. 첫술에 배부를 수는 없으니까요.

둘째, 발췌하는 것입니다. 발췌는 필요한 내용이나 중요한 부분을 가려 뽑아낸 행위입니다. 글을 읽다가 바탕이 될 만한 지식과 정보, 꼭 알아 두어야 할 내용, 새롭게 알게 된 지식과 정보를 옮겨 적는 것입니다.

이때 잊지 말아야 할 점은 발췌한 내용을 노트나 컴퓨터에 체계적으로 저장해 두는 것입니다. 일명 '발췌 노트(폴더)'를 만들어 일목요연하게 정리해 두면 좋습니다. 분야별로 분류해 저장해 두지 않으면 쓸모가 떨어지고 잊히기 마련입니다. 발췌한 내용이 적을 때는 상관없지만 내용이 많아지면 뒤죽박죽되어 활용하기도 어렵습니다. 정리되지 않은 지식과 정보는 내 것이 될 수 없습니다.

잘 분류된 발췌 내용은 배경지식을 쌓는 데 유용합니다. 이는 오롯이 자신의 것입니다. 자기 부족을 채우는 것이며, 더 알아 가야 할 것을 확장하는 과정입니다.

이렇게 몇 년 동안 배경지식을 쌓는다면 문해력은 저절로 향상됩니다. 또한 무서운 인재로 발돋움할 수 있습니다. 무작정 책을 많이 읽는 것과 차원이 다른 세계의 사람이 되는 것이지요. 어

생각하는 힘을 키우는 십대의 질문법

떤 내용도 자신의 언어로 표현할 수 있는 토대가 쌓이기 때문입니다.

발췌도 질문으로 다가서면 효과적입니다. 발췌와 관련된 질문을 품고 책을 읽으면 핵심을 꿰뚫을 수 있습니다. 나에게 피가 되고 살이 되는 지식과 정보를 만날 수 있습니다. 다음과 같이 질문하고 책을 읽어 보세요.

- 이 책에서 가장 기초가 되는 지식은 무엇일까?
- 저자는 독자에게 무엇을 알려 주기 위해 이 책을 썼을까? 그 부분의 핵심 내용은 무엇일까?
- 이 책에서 꼭 알아 두어야 할 내용, 기억하면 좋은 내용, 훗날 활용할 가치가 있는 내용은 무엇일까?
- 이 책은 나에게 어떤 의미가 있을까? 그 의미를 대변할 만한 문장이나 글귀는 무엇일까?

위와 같은 질문을 마음에 품고 책을 읽으면 발췌할 내용을 찾아낼 수 있습니다. 그렇게 찾은 내용은 반드시 발췌 노트에 옮겨 놓고 활용해야 합니다. 지식의 목적은 수용이 아니라 활용에 있으니까요.

기본을 탄탄히 하는 독서, 발췌 독서는 배경지식을 쌓는 데 매우 유용합니다. 배경지식이 탄탄하면 글을 읽고 이해하는 능력이 향상된다는 것을 기억하세요.

이 외에도 배경지식을 탄탄히 할 수 있는 방법이 있다면 모두 동원하세요. 배경지식이 탄탄해야 문해력이 향상되고 강화됩니다. 자신의 꿈에도 한 발짝 더 다가설 수 있고요.

생각하는 힘을 키우는 십대의 질문법

생각과 삶을 바꾸는 질문 훈련

이 챕터의 내용을 토대로 3단계 질문을 차례대로 만들어 보세요.
질문과 함께 답을 꼭 적어야 합니다.

- **1단계: 사실·이해 질문**

    Q: _____

    A:

- **2단계: 추론·사색 질문**

    Q: _____

    A:

- **3단계: 종합·깨달음·적용 질문**

    Q: _____

    A:

세상의 지식을
내 것으로 만드는 기술

"기록이 기억을 지배한다."
- **소크라테스**(고대 그리스 철학자)

지금은 지식과 정보가 흘러넘치는 시대입니다. 새로운 지식과 기술 문명이 하루에도 수없이 쏟아집니다. 뒤처지지 않기 위해 새로운 콘텐츠와 지식 습득에 힘쓰지만 역부족이지요.

그래서인지 요약본이 넘쳐납니다. 클릭 몇 번만 하면 간추려진 지식을 만날 수 있습니다. 18분짜리 테드TED, 5분짜리 유튜브 영상은 빠른 시간 내에 지식을 습득하도록 도와줍니다. 이제는 5분도 길다고 합니다. 58초짜리 쇼츠나 릴스로 순식간에 지식을 소비하지요.

챗GPT는 요약의 달인입니다. 질문 몇 번이면 세상의 지식을

생각하는 힘을 키우는 십대의 질문법

몇 초 만에 정리해 줍니다. 요약으로 지식 소비자를 유혹하고 있는 것이지요.

누군가 간추려 준 요약이 효율적인 것 같지만 그렇지 않습니다. 내 것이 아니기 때문입니다. 전체적인 구조를 보지 못하고 이해 과정 없이 추린 단편적인 지식은 힘이 없습니다. 수박 겉핥기이고 아는 것 같은 착각일 뿐이지요.

이렇게 지식을 쌓으면 누군가 관련된 내용을 물을 경우 명쾌하게 설명하지 못합니다. 내용을 깊이 있게 이해하는 과정이 생략되었으니 대답하지 못하는 것이지요. 알긴 알겠는데 설명하지 못합니다. 설명을 못 하는 것은 모르는 것입니다.

설명을 잘하는 사람, 공부를 잘하는 사람은 요약을 잘하는 사람입니다. 요약 능력이 좋으면 상대의 의견과 요청 사항을 빠뜨리지 않기에 대화에 능통하고 업무 처리 능력도 뛰어납니다.

시험 성적이 좋은 사람은 자신이 공부한 것 위주로 출제되었다고 말합니다. 중요한 것이 무엇인지 알고 공부한 결과입니다. 시험을 못 본 사람은 밤새워 공부한 내용이 하나도 출제되지 않았다고 투덜댑니다. 중요하지 않은 것을 공부한 결과입니다. 요약 능력의 부재로 나타난 현상이지요.

이제는 간추려 놓은 지식을 클릭하는 대신 스스로 요약하는 능력을 키우는 데 시간을 쏟아야 합니다. 그래야 읽어 낼 수 있고, 세상이 원하는 인재가 될 수 있습니다.

요약을 소비하는 사람보다 요약을 생산해 내는 사람이 인정받고 선택받는 시대입니다. 부와 성공도 요약을 생산해 내는 사람에게 몰립니다. 이해력, 사고력, 표현력으로 무장하고 있어서 그렇습니다. 그들은 소비자의 욕구를 읽어 내 이해하기 쉽게 압축해서 전달해 줍니다. 친근함에 재미까지 덧입힌 생산자는 세상의 이목을 집중시킵니다.

생각하는 힘을 기르려면 요약을 전제로 읽으면 좋습니다. 반드시 요약하겠다는 마음으로 책을 읽으면 내용 파악에 집중할 수 있습니다. 적극적이며 공격적인 독서 과정이지요. 이해력과 사고력이 저절로 향상되고, 표현력과 글쓰기 능력까지 갖출 수 있습니다. 공부의 기초 체력이 좋아지는 것입니다.

요약 능력을 키우기 전에 명심해야 할 것이 있습니다. 요약은 책을 읽은 후의 과정이 아니라는 점입니다.

책을 읽은 후에 요약하면 내용이 잘 떠오르지 않을 수 있습니다. 책을 읽기 전부터 요약하겠다는 마음으로 읽으면 이해가 깊어지고, 저자의 의도를 파악하는 데 집중할 수 있습니다. 또한 소극적인 독서에서 적극적이고 공격적인 독서로 바뀝니다. 밑줄을

생각하는 힘을 키우는 십대의 질문법

긋고 따로 메모하게 되니까요. '이 내용이 책의 핵심이구나.', '이 문장에는 저자의 의도가 담긴 것 같아.', '이 부분을 토대로 글을 풀어 간 것 같은데?' 등의 생각이 집중력을 끌어올립니다.

그렇다면 어떻게 해야 요약을 잘할 수 있을까요?
첫째, 질문하면서 읽으면 좋습니다.

- 저자는 무엇을 알려 주고 싶어서 이 책을 썼을까?
- 이 책의 핵심 키워드는 무엇일까?
- 이 책의 핵심 메시지가 담긴 문장이나 문단은 무엇일까?
- 이 책의 핵심 내용을 한 문장으로 쓰면 무엇일까?
- 이 책의 내용은 나에게 어떤 의미가 있을까?

이렇게 질문하면서 읽으면 내용을 이해하고 핵심을 파악할 수 있습니다.

둘째, 어떻게 요약해 나갈지 서사 구조를 정합니다. 시작과 마무리를 염두에 두는 것입니다. 핵심을 어느 부분에 두고 요약할지 생각하면 중간은 자연스럽게 해결책이 생깁니다. 인용문을 배치하는 것도 하나의 방법이지요.

셋째, 핵심 내용을 대변할 정확한 어휘를 찾습니다. 요약의 핵심은 어휘력에 있습니다. 전체 내용을 압축해 전달할 만한 키워드나 어휘를 찾으면 간략하게 간추릴 수 있습니다. 어휘에는 관련된 의미가 압축되어 있어서 여러 내용이 기억나도록 돕기 때문이지요.

넷째, 압축된 단어를 활용해 핵심을 풀어 갑니다. 핵심 내용이 아니면 과감하게 버려야 합니다. 그렇지 않으면 지리멸렬한 요약문이 됩니다. 요약 능력은 요점을 잡아서 간추리는 것에 있습니다.

요약은 이 시대가 원하는 꼭 필요한 능력입니다. 정보는 많고 시간이 부족한 시대에 반드시 갖춰야 할 기본 능력이지요.

요약은 중요한 것과 중요하지 않은 것, 필요한 것과 필요하지 않은 것, 먼저 해야 할 것과 나중에 해야 할 것을 정확하고 빠르게 구분해 내는 능력입니다. 핵심을 간추려 세상의 지식을 자신의 것으로 만드는 능력입니다.

내 언어로 이야기해야 세상도 나에게 집중합니다. 나를 차별화할 수 있는 능력이 요약에 숨어 있습니다.

생각하는 힘을 키우는 십대의 질문법

생각과 삶을 바꾸는 질문 훈련

이 챕터의 내용을 토대로 3단계 질문을 차례대로 만들어 보세요.
질문과 함께 답을 꼭 적어야 합니다. 그리고 150자로 요약해 보세요.

● **1단계: 사실·이해 질문**

   Q: _____

   A:

● **2단계: 추론·사색 질문**

   Q: _____

   A:

● **3단계: 종합·깨달음·적용 질문**

   Q: _____

   A:

● **요약:**

Part 3

질문 능력을 키우는
필수 조건

삶과 세상에 '호기심'을 품자

"발견이란 모두가 보는 것을 보며
다른 사람이 하지 못한 생각을 하는 것이다."
- 얼베르트 센트죄르지(헝가리 생화학자)

인간은 누구나 천부적인 질문자였습니다. 우리는 태어나면서부터 궁금증을 해결하려고 몸부림쳤습니다. 손으로 만져 보고 입으로 빨면서 궁금증을 해결했지요.

말을 배우기 시작할 때는 주변 사람을 시도 때도 없이 귀찮게 했습니다. 수도 없이 "이거 뭐야?"를 외쳤고, 부모님 말씀에는 "왜?"라는 의문 부호가 떠나지 않았지요.

그런데 어느 순간부터 질문의 문이 닫히기 시작합니다. 천부적인 질문자가 왜 질문하지 않는 것일까요?

'세상이 다 그런 거지.'라며 자기 나름대로 이치를 깨달았다고

생각하는 힘을 키우는 십대의 질문법

생각하거나, 삶과 세상에 관심이 없어졌기 때문입니다. 너무 자주, 많이 묻는다며 꾸중을 듣거나, 질문으로 인해 좋지 않은 경험을 한 사람도 질문하지 않습니다. 질문의 문이 닫히면 어제와 비슷한 생각과 지식으로, 누군가 떠먹여 준 것으로 살아갈 수밖에 없습니다.

이제는 닫혔던 질문의 문을 활짝 열어야 합니다. 질문하지 않고는 살아갈 수 없는 시대이기 때문입니다. 질문 없는 사람은 퇴보하고, 인공지능에 밀려나기 마련입니다. 질문해야 내 삶을 살아갈 수 있고, 인공지능과 친숙해질 수 있고, 창의적인 사고도 발현할 수 있습니다.

질문 능력을 키우는 필수 조건 중 첫 번째는 호기심입니다. 어린 시절에 질문 왕이 될 수 있었던 것은 호기심 때문이었습니다. 세상의 모든 것이 궁금해서 묻고 또 물은 것이지요. 궁금한 것을 알고 싶어서 취한 행동이 질문이었습니다.

철학자 최진석은『탁월한 사유의 시선』에서 질문의 의미에 대해 "질문이 일어나려면 우선 궁금증과 호기심이 발동해야만 한다. 자신에게만 있는 이 궁금증과 호기심이 안에 머물지 못하고 밖으로 튀어나오는 일, 이것이 질문이다."라고 말했습니다.

삶과 세상에 호기심이 있어야 질문이 생성됩니다. 궁금하지 않으면 질문할 수 없습니다. 궁금증과 호기심이 있으면 질문이 쏟아질 수밖에 없습니다. 질문의 답을 찾는 과정에서 새로운 것을 알고 창조할 수 있습니다.

존스홉킨스대학교 물리학 교수인 애덤 리스는 2011년 41세 때 노벨 물리학상을 받았습니다. 그는 노벨 물리학상을 받을 수 있었던 가장 큰 힘은 호기심이라고 말했습니다. 특히 우주에 대한 궁금증이 컸다고 합니다.

리스 교수는 "우주의 나이는 몇 살일까?", "우주는 궁극적으로 어떤 운명을 맞이할까?" 같은 질문의 답을 찾기 위해 실험에 몰입하다 '우주의 가속 팽창'을 발견했고 노벨 물리학상까지 받은 것입니다.

옥스퍼드대학교 교수인 마틴 켐프는 다빈치 연구가입니다. 그는 다빈치의 예술성은 어린아이 같은 호기심에서 비롯되었다고 말합니다.

다빈치는 "왜 저런 일이 일어났을까?", "내가 지금 보고 있는 것은 무엇일까?", "어떻게 하면 저걸 알아낼 수 있을까?"처럼 궁금한 것에 질문을 던졌고, 그 질문에 대한 답을 찾기 위해 힘썼습니다. 켐프 교수는 평범한 사람도 호기심을 품고 거기에 공부를 더한다면, 누구나 의미 있는 결과를 만들어 낼 수 있다고 조언합니다.

아인슈타인은 상대성 이론을 발표해 과학계의 혁명을 끌어냈습니다. 그는 자신의 성공 비결을 친구에게 "나한테는 특별한 재능이 없다네. 다만 지독하게 호기심이 많을 뿐이지."라고 말했습니다.

아인슈타인은 꽃밭에 눈부시게 쏟아지는 햇빛을 바라보며 호기심이 생겼습니다. 그는 "빛을 타고 이동하는 게 가능할까?", "내가 빛의 속도로 날아가거나 그 속도를 능가할 수 있을까?"라는 질문을 던졌습니다. 이 질문이 상대성 이론을 탄생하게 했습니다.

어제와 같은 생각과 마음, 삶의 패턴에서 벗어나세요. 스마트폰으로 단순한 검색을 하는 것도 멈추세요. 대신 삶과 세상을 궁금해하고 호기심을 가지세요. 그러면 질문이 저절로 생길 것입니다. 질문이 생겨야 그에 걸맞은 답도 찾을 수 있습니다.

생각과 삶을 바꾸는 질문 훈련

이 챕터의 내용을 토대로 3단계 질문을 차례대로 만들어 보세요.
질문과 함께 답을 꼭 적어야 합니다.

● **1단계: 사실·이해 질문**

    Q: _____

    A:

● **2단계: 추론·사색 질문**

    Q: _____

    A:

● **3단계: 종합·깨달음·적용 질문**

    Q: _____

    A:

생각하는 힘을 키우는 십대의 질문법

더 나은 삶에 '관심'을 가지자

"당신이 할 수 있다고 생각하든 할 수 없다고 생각하든
생각하는 대로 될 것이다."
- **헨리 포드**(미국 기업인)

질문 능력을 키우는 두 번째 필수 조건은 관심입니다. 관심이 있어야 질문이 생깁니다.

관심과 호기심은 비슷한 것 같지만 쓰임새가 다릅니다. 앞에서 언급한 대로 호기심은 '새롭고 신기한 것을 좋아하거나 모르는 것을 알고 싶어 하는 마음'이고, 관심은 '어떤 것에 마음이 끌려 주의를 기울임. 또는 그런 마음이나 주의'를 뜻합니다.

이렇듯 관심과 호기심은 다른 뜻이지만, 질문을 생성할 때는 함께 움직입니다. 관심이 있어야 호기심이 생기고, 호기심은 무수한 상상을 만들어 질문을 일으킵니다. 관심이 질문을 일으키는 시작점이 되는 것이지요.

누구나 관심이 가는 대상이 생기면 더 깊이 알기 위해 수많은 질문을 쏟아 냅니다. 반면에 관심이 없으면 어떤 문제나 오류가 보여도 질문하지 않지요.

페이스북(현재 메타)을 만든 마크 저커버그는 어렸을 때부터 인터넷에 관심이 많았습니다. 그는 컴퓨터 프로그래밍에도 관심을 두었습니다. 12세에는 '저크넷ZuckNet'이라는 메시징 프로그램을 만들었는데, 치과 의사인 그의 아버지가 진료실에서 환자와 소통하는 데 사용하기도 했습니다.

대학 전공도 컴퓨터 과학이었습니다. 어린 시절 관심사가 전공 선택에 영향을 끼친 것이지요. 대학생 때 그의 관심은 '보다 열려 있고, 서로 연결된 세상을 만드는 것'에 있었습니다. 인터넷과 컴퓨터 프로그래밍에 대한 관심이 페이스북을 탄생시킨 원동력이었습니다.

다빈치는 예술뿐만 아니라 인체, 비행기, 군사 장비, 식물, 지질, 천문, 기계, 수학 등 다양한 과학적 주제에도 관심이 많았습니다. 그는 관심에 그치지 않고, 호기심을 품고 세밀하게 관찰했습니다. 관찰한 것은 노트에 스케치하고, 그때 떠오른 아이디어를 메모해 두었습니다. 다빈치가 스케치한 인체 해부도는 현대

생각하는 힘을 키우는 십대의 질문법

해부학의 기초를 다지는 데 크게 기여했습니다.

비행기에 대한 관심도 대단했습니다. 상상력을 동원해 스케치한 비행 기계는 현대 항공기 설계에 많은 영감을 주기도 했습니다. 기계와 도구에 대한 관심은 탱크, 자주포, 다연발 석궁 등 군사 장비의 스케치로 이어졌습니다. 다빈치가 설계한 대로 실제 제작되지는 않았지만, 그의 아이디어는 매우 혁신적이었습니다.

그렇다면 청소년기에는 어디에 관심을 두면 좋을까요?

첫째, 자기 삶에 대한 관심이 필요합니다. 과거의 자신, 현재의 자신, 미래의 자신에게 관심을 가져야 합니다. 지금보다 더 나은 삶을 살고 싶다는 관심이 필요합니다. 자기 삶에 관심이 있어야 존재 이유와 삶의 목적에 질문을 던지고 답을 찾을 수 있습니다. 오늘 살아가야 할 이유를 발견해야 어떻게 살아가야 할지 답을 찾을 수 있습니다.

둘째, 주변 사람에 대한 관심이 필요합니다. 세상은 나 혼자 살아갈 수 없습니다. 누군가와 관계를 맺으며 살아가야 하지요. 그래서 주변 사람에게 관심을 가져야 합니다. 그래야 더불어 행복한 삶을 꾸려 나갈 수 있습니다.

"남을 위해 내가 무엇을 할 수 있을까?"는 진로를 설계할 때 기본이 되는 물음입니다. 진로가 직업을 의미하지는 않지만, 직업은 남을 위한 일입니다. 남을 위해 무엇을 할 수 있을지 스스로에게 물으면 진로도 해결되고 함께 웃으며 나아갈 수 있습니다. 주변 사람에게 무관심하면 질문이 생기지 않습니다. 그러면 알 수 있는 것도, 알아낼 수 있는 것도 없습니다.

질문할 때는 나보다 상대에게 집중해야 질문거리가 보입니다. 내 말만 하려고 하고 나에게만 관심을 집중하면 깊이 있는 대화를 이어 갈 수 없습니다. 질문거리도 보이지 않습니다. 따라서 상대의 생각과 기분, 마음에 관심을 집중하고 궁금해하세요.

셋째, 세상에 대한 관심이 필요합니다. 우리는 세상 속에서 살아갈 수밖에 없습니다. 세상이 혼란하면 내 삶도 혼란합니다.

코로나19 상황을 떠올리면 이해가 갈 것입니다. 팬데믹으로 세상이 멈췄습니다. 교육도, 진료도, 내 삶도 멈췄지요. 그래서 세상에 대한 관심이 필요합니다. 더 나은 세상, 아름다운 세상에 관심을 품고 자신이 어떻게 기여할 수 있을지 질문해야 합니다. 이런 질문이 우리를 보다 나은 삶으로 나아가도록 이끕니다.

순간의 쾌락에 대한 관심은 줄이고, 더 나은 삶에 대해 관심을 가지세요. 관심이 있어야 호기심이 생기고 질문이 생성됩니다. 질문을 던진다면 더 나은 삶을 살 수 있는 해답도 찾을 수 있습니다.

생각하는 힘을 키우는 십대의 질문법

생각과 삶을 바꾸는 질문 훈련

이 챕터의 내용을 토대로 3단계 질문을 차례대로 만들어 보세요.
질문과 함께 답을 꼭 적어야 합니다.

● **1단계: 사실·이해 질문**

　Q: _____

　A:

● **2단계: 추론·사색 질문**

　Q: _____

　A:

● **3단계: 종합·깨달음·적용 질문**

　Q: _____

　A:

'비판적 사고'로
본질을 꿰뚫어 개선점을 찾자

"사람들은 사물을 있는 대로 보며 '왜?' 하고 묻는다.
반면에 나는 없는 것을 꿈꾸며 '왜 안 될까?' 하고 묻는다."
- 조지 버나드 쇼(아일랜드 극작가)

질문 능력을 키우는 세 번째 필수 조건은 비판적 사고입니다. 질문 능력이 좋은 사람은 대개 비판적 사고로 무장하고 있습니다. 비판적 사고는 4차 산업 혁명 시대의 핵심 능력이기도 합니다. 현시대의 키워드인 '융합', '혁신', '창조'는 비판적 사고의 토대 위에서 일어납니다.

현시대는 불확실하고 복잡하며 모호합니다. 변동성도 강하지요. 기술과 삶, 세상이 복잡하게 얽히고설켜 있습니다. 복잡한 문제가 수없이 쏟아지는 시대에 문제를 해결하고 새로운 것을 창조해 나가려면 비판적 사고는 필수입니다. 정해진 답이 아니라 새로운 답을 찾아내 그것을 구현하면서 살아가야 하기 때문입니다.

생각하는 힘을 키우는 십대의 질문법

비판적 사고는 창의성을 기르는 데도 유용합니다. 애플 창업자 스티브 잡스는 "창의성은 다른 사람의 생각과는 뭔가 달라야 하고, 유용하고 의미 있는 것으로 문제를 해결하고, 기존의 틀을 깰 수 있어야 한다."라고 말했습니다. 창의성은 비판적 사고를 필요로 한다는 의미입니다.

비판적 사고가 이렇게 중요한데도 무비판적 사고에 길든 청소년이 많습니다. 무비판적 사고를 하면 어떤 주장이나 상황을 있는 그대로 받아들이게 됩니다. 비판적 사고 없이 받아들이는 지식과 정보는 위험합니다. 가짜를 진짜로 착각할 수 있고, 오해를 불러일으킬 수 있기 때문입니다.

검증되지 않은 지식과 정보는 자신의 능력을 펼쳐 나가는 데 걸림돌이 될 뿐입니다. 이러한 지식과 정보로는 새로운 대안을 제시할 수 없고 창조할 수도 없습니다.

비판적 사고를 '꼬치꼬치 따지는 행위'로 오해하는 청소년이 있습니다. 상대의 주장이나 상황에 무조건 반대하는 것을 비판적 사고라고 착각하기도 합니다. 비판적 사고는 논리적으로 사고하면서 상황을 이해하고 본질을 파악해 대안을 제시하는 사고 체계입니다.

비판적으로 사고하려면 '분석, 추론, 종합, 대안 제시'라는 4단계가 필요합니다. 분석과 추론을 통해 얻은 자료를 종합해서 정확하게 이해한 뒤, 결론을 도출하고 대안을 제시해야 하기 때문입니다.

비판적 사고를 훈련하면 본질을 꿰뚫는 능력이 생깁니다. 분석하고 추론하고 종합하는 과정에서 본질을 파악하는 안목이 생기기 때문입니다. 당연히 질문 능력도 향상됩니다. 따라서 비판적 사고 능력을 향상하는 훈련을 해야 합니다.

비판적 사고를 향상하면 질문 능력을 향상할 수 있지만, 질문으로 비판적 사고 능력을 향상할 수도 있습니다. 평소에 질문을 던지는 훈련이 비판적 사고 체계를 완성하는 데 도움이 됩니다. 비판적 사고를 기르는 질문은 다음처럼 4단계로 진행하면 좋습니다.

첫째, 분석에 대한 질문입니다.

- 이것은 무엇에 대한 이야기일까?
- 이것을 이해하는 데 필요한 정보와 배경, 맥락은 무엇일까?
- 이 주장에서 사실과 의견은 각각 무엇일까?
- 주장과 근거는 무엇이며, 주장의 목적은 무엇일까?

생각하는 힘을 키우는 십대의 질문법

둘째, 추론에 대한 질문입니다.

• 제공된 정보를 기반으로 어떤 결론을 도출할 수 있을까?

• 주장과 근거는 합리적이고 타당성 있게 뒷받침되고 있을까?

• 현재 주장과 근거를 기반으로 어떤 예측을 할 수 있을까?

• 현재 주장, 근거, 결론에 대한 반론이나 대안적인 해석은 무엇일까?

셋째, 종합에 대한 질문입니다.

• 이 내용을 종합해 보면 결국 어떤 메시지일까?

• 이 메시지는 타당한 결론일까? 아니라면 더 뒷받침하거나 보완해야 할 주장이나 근거는 무엇일까?

• 현재 결론을 해결하기 위해 필요한 접근 방식이나 방법은 무엇일까?

넷째, 대안 제시에 대한 질문입니다.

• 통합된 정보를 기반으로 제시할 수 있는 새로운 관점이나 아이디어는 무엇일까?

• 새로운 대안은 상대가 보기에도 적절할까? 상대를 설득할 수 있는 근거는 무엇일까?

• 제시된 대안이 실제 문제 해결에 어떤 효과가 있을까?

비판적 사고는 한순간에 향상하기 어렵습니다. 하지만 기초가 탄탄하면 단기간에도 능력을 향상할 수 있습니다. 그래서 Part 2에서 제시한 기초 능력 향상을 위해 시간을 투자해야 합니다. Part 2의 내용이 비판적 사고를 향상하는 기본적인 역량입니다.

비판적 사고는 4차 산업 혁명 시대의 핵심 역량입니다. 질문 능력을 키우는 데도 핵심 요소지요. 지금부터라도 비판적으로 사고하는 훈련을 해 보세요. 훈련의 깊이와 땀방울의 양만큼 비판적 사고 능력도 높아지고 넓어질 것입니다.

생각하는 힘을 키우는 십대의 질문법

생각과 삶을 바꾸는 질문 훈련

이 챕터의 내용을 토대로 3단계 질문을 차례대로 만들어 보세요.
질문과 함께 답을 꼭 적어야 합니다.

● **1단계: 사실·이해 질문**

  Q: _____

  A:

● **2단계: 추론·사색 질문**

  Q: _____

  A:

● **3단계: 종합·깨달음·적용 질문**

  Q: _____

  A:

'뻔뻔함'으로
내면에 맴도는 질문을 끄집어내자

"뻔뻔함은 신이 준 선물이다."
- **콘라트 아데나우어**(전 독일 총리)

질문은 내면에서 일렁이는 궁금증과 호기심, 관심사가 안에 머물지 않고 밖으로 튀어나오는 일입니다. 모르는 것이 입 밖으로 튀어나와야 비로소 질문이 됩니다. 그런데 많은 청소년이 자기 안에서 맴도는 궁금증을 밖으로 끄집어내지 못합니다.

청소년들이 질문을 망설이는 이유는 무엇일까요? 여러 가지가 있지만, 그중에서 큰 비중을 차지하는 것이 자기 검열입니다. 잘못된 질문일까 봐, 분위기를 해칠까 봐, 핀잔을 들을까 봐, 밉게 보일까 봐 등 여러 이유가 머릿속에 맴돕니다. 당찬 마음이 없으면 부정적인 답변을 내놓고 질문을 포기하지요.

질문하는 능력을 키우려면 조금은 뻔뻔할 필요가 있습니다.

그래야 입안에 맴도는 질문을 내뱉을 수 있기 때문입니다.

'뻔뻔함'은 유대인의 도전 정신이며, 후츠파chutzpah에서 파생된 말입니다. 후츠파는 히브리어로 '뻔뻔함, 담대함, 저돌성, 무례함'이라는 뜻을 품고 있습니다. 끊임없이 질문하며 문제를 해결해 나가는 이스라엘 특유의 도전 정신을 이르는 말입니다.

후츠파는 '권위자에 대한 질문, 형식 타파, 섞임과 어울림, 위험 감수, 목표 지향성, 끈질김, 실패로부터 교훈 얻기'라는 일곱 가지 정신을 기반으로 합니다. 유대인은 후츠파 정신으로 일어섰습니다. 나라 없이 세계를 떠돌아다녔지만, 특유의 도전 정신으로 부를 축적하고 나라까지 되찾았습니다. 움츠리지 않고 용기와 배포로 도전했기에 가능한 일이었습니다.

유대인 기업가들은 후츠파 정신으로 기업을 운영합니다. 앞에서 소개한 페이스북 창업자 마크 저커버그는 유대인입니다. 그는 권위를 내세우기보다 수평적인 문화를 추구합니다.

개인 사무실을 오픈하고 일반 직원과 함께 어울리며 일하기를 즐깁니다. 서로 질문하고 때로는 논쟁도 하며 창조적인 산물과 개선점을 찾습니다. 인문 고전을 읽으며 기업의 변화 방향을 논의합니다. 후츠파 정신이 세계를 주도하는 기업으로 발돋움하는 데 기여한 것입니다.

후츠파 정신은 『탈무드』를 공부할 때도 적용됩니다. 한 가지 사안에 대해 끊임없이 서로 묻고 대화하고 토론하고 논쟁합니다. 각자 자신의 생각과 논리를 자신 있게 펼칩니다.

아이일 경우 어른과 함께 있어도 주눅 들지 않습니다. 때로 엉뚱한 말을 해도 꾸중 듣지 않고, 어리석은 질문을 던져도 질책받지 않습니다. 다시 효과적인 질문을 던져 스스로 깨우치고 생각할 수 있도록 이끌어 주기 때문입니다. 정해진 답이 없는 공부를 하면서 의문을 품고 질문을 던지며 그에 걸맞은 논리를 만들고 삶에 적용합니다. 이것이 유대인의 후츠파 정신입니다.

아인슈타인도 유대인이었습니다. 그는 노벨 물리학상을 받는 자리에서 "세상 사람들은 규칙을 지키는 것이 가장 중요한 가치라고 생각하지만, 나는 반대로 규칙을 뒤집을 때 우리에게 가장 필요한 새로운 규칙이 탄생할 것이라고 믿는다."라고 말했습니다.

아인슈타인 역시 후츠파 정신을 토대로 연구를 진행했습니다. 수많은 질문을 던지며 의문을 해결하고 새로운 것을 창조했습니다. 아인슈타인은 "질문이 정답보다 중요하다. 목숨을 구할 방법을 단 한 시간 안에 찾아야 한다면, 나는 올바른 질문을 찾는 데 55분을 쓰겠다."라고 말했습니다. 질문을 얼마나 중요하게 여겼는지 알 수 있는 말이지요.

생각하는 힘을 키우는 십대의 질문법

남의 시선을 의식해서는 질문을 던질 수 없습니다. 위축된 마음을 품고 있어도 질문을 던지기 어렵습니다. 그러므로 뻔뻔해지세요. 단, 상대에 대한 예의는 지키면서 뻔뻔해야 합니다. 예의 없이 뻔뻔하다면 무례로 보여 상황을 악화시킬 수 있습니다.

조금이라도 뻔뻔할 수 있어야 내면에서 꿈틀거리는 궁금증과 호기심을 질문으로 해결할 수 있습니다. 묻지 않으면 알 수 없으니 용기를 품고 자신 있게 도전하세요. 도전하는 사람에게 길이 열리니까요.

생각과 삶을 바꾸는 질문 훈련

이 챕터의 내용을 토대로 3단계 질문을 차례대로 만들어 보세요.
질문과 함께 답을 꼭 적어야 합니다.

● **1단계: 사실·이해 질문**

Q: _____

A:

● **2단계: 추론·사색 질문**

Q: _____

A:

● **3단계: 종합·깨달음·적용 질문**

Q: _____

A:

생각하는 힘을 키우는 십대의 질문법

'자신감'으로
문제를 이해하고 해결하자

"이 세상에서 얻을 수 있는 성공 대부분은
망설이고 머뭇거리고 주저하고 동요하는 가운데 놓치고 만다."
- **윌리엄 베넷**(전 미국 교육부 장관)

자신감은 단순히 자신이 있다는 느낌을 넘어섭니다. 자신감이 있으면 내면의 것을 꺼내는 데 주저함이 없습니다. 결과에 상관없이 도전하며 시도합니다. 당당하게 자기 생각을 밝히고, 자신의 삶을 향해 나아갑니다.

질문도 자신감 있는 사람이 자주 합니다. 상황에 상관없이 궁금한 것을 물으며 문제를 이해하고 해결합니다.

자신감은 뻔뻔함과는 다릅니다. 뻔뻔함이 도전 정신을 의미한다면, 자신감은 자신의 능력과 가치에 대한 자기 생각을 의미합니다. 그 의미는 자신감에 대해 깊이 연구한 심리학자 너새니얼 브랜든의 말로 이해하면 좋습니다. 그는 자신감을 이렇게 설명했습니다.

> "자신감은 '자신의 능력에 대한 생각'과 '자신의 가치에 대한
> 생각'이라는 두 가지 요소로 이루어진다. 바로 '자기 신뢰'와
> '자기 존중'이 합쳐진 것이다. 자신감은 문제를 이해하고 해결
> 함으로써 삶의 어려움에 대처하는 능력이며, 자신의 욕구와
> 바람을 만족시켜 행복을 추구하는 의지다."●

자신감이 많으면 현재의 삶을 수용합니다. 있는 그대로의 자신을 인정하고, 자기 능력을 발휘하려고 힘씁니다. 스스로 가치 있다고 느끼고, 할 수 있다는 믿음으로 살아갑니다.

따라서 질문할 상황이 닥치면 주저하지 않습니다. 스스로 유능하다고 믿고 있으니 거침없이 질문을 던지며 궁금증을 해결합니다. 자신감은 문제를 이해하고 해결하며, 행복한 삶을 향해 전진하도록 이끌어 주는 능력입니다.

반면에 자신감이 적으면 현재의 삶을 받아들이지 않습니다. 자기 능력에 대한 신뢰와 존중도 부족합니다. 무엇을 해도 잘하지 못할 것이라는 생각에 휩싸여 있습니다.

● 너새니얼 브랜든, 『나를 믿는다는 것』, 스마트비즈니스, 2009.

생각하는 힘을 키우는 십대의 질문법

따라서 질문도 없습니다. 잘못된 질문을 던질까 봐, 분위기를 해칠까 봐 등등의 이유로 불안해합니다. 머릿속을 점령하고 있는 불안과 걱정은 자신이 잘못되었다는 느낌으로 확장되어 자기 삶을 살아가지 못합니다.

브랜든은 자신감은 현재 자신을 어떻게 인식하느냐, 그리고 그렇게 인식한 자신을 거부하지 않고 받아들이느냐로 결정된다고 말합니다. 따라서 현재의 자신을 긍정적으로 받아들여야 합니다.

삶은 해석이며, 그에 따라 부정이 긍정이 될 수도 있고 긍정이 부정이 될 수도 있습니다. 마음에 들지 않는 나를 거부하고 부정해도 나는 나입니다. 그러므로 진짜 나를 객관적으로 바라보면서 수용해야 합니다. 자신을 있는 그대로 바라보는 첫 번째 단추를 끼워야 그다음 자신감 단추를 끼울 수 있습니다.

두 번째 자신감 단추는 자기표현 능력을 키우는 것입니다. 자기 내면에 일렁이고 있는 것을 끄집어내는 훈련을 하는 것입니다.

다른 사람의 시선보다 자기 내면에 관심을 두면서 더 나은 삶, 행복한 삶을 살 수 있도록 시도해 보세요. 내가 생각하고 있는 것을 표현하고, 모르는 것이 있으면 물어봐야 합니다. 자기주장을 자주 펼쳐 보일 때 자신감이 향상되기 시작합니다.

질문은 훈련의 영역입니다. 자기표현 능력을 키울 때 자신감이 향상되는 것처럼, 자주 질문하면 더 좋은 질문을 던질 수 있습니다.

따라서 묻고 또 물으세요. 불편한 상황일지라도 묻는 것을 주저하지 마세요. 특히 자신에게 물어야 합니다. 자신과 마주하며 자신감을 향상할 수 있는 질문을 던지세요. 자신감이 하늘을 찌를 수 있도록 말이지요.

다음은 자신감을 향상할 수 있는 질문입니다. 성실하게 답하면서 자신감을 충전해 보세요.

- 나의 가장 큰 강점은 무엇인가?
- 나의 성격이나 행동에서 긍정적인 면은 무엇인가?
- 내가 자랑스럽게 생각하는 재능이나 능력은 무엇인가?
- 주변 사람들에게 자주 듣는 긍정적인 피드백은 무엇인가?
- 내가 해결한 문제 중 가장 어려웠던 것은 무엇이며, 어떻게 해결했는가?
- 내 삶에서 가장 자랑스러운 성취는 무엇인가?
- 내 삶에서 가장 행복했던 순간은 언제였으며, 그 이유는 무엇인가?

생각하는 힘을 키우는 십대의 질문법

생각과 삶을 바꾸는 질문 훈련

이 챕터의 내용을 토대로 3단계 질문을 차례대로 만들어 보세요.
질문과 함께 답을 꼭 적어야 합니다.

● **1단계: 사실·이해 질문**

   Q: _____

   A:

● **2단계: 추론·사색 질문**

   Q: _____

   A:

● **3단계: 종합·깨달음·적용 질문**

   Q: _____

   A:

질문에도
'훈련' 기술이 필요하다

"이 세상에서 말과 글로 표현할 수 있는 가장 슬픈 단어는
'만약 ~했다면 좋았을 텐데'이다."
- 존 그린리프 휘티어(미국 시인)

어떤 영역이든지 성장하려면 훈련이 필요합니다. 훈련한 만큼
성장하고 발전합니다. 부족한 부분을 다듬고 고치며 끊임없이
훈련할 때 전문가가 될 수 있습니다.

야구 선수를 꿈꾸는 청소년은 입에서 단내와 토가 날 때까지
받고 던지고 치고 달리는 훈련을 합니다. 얼마나 훈련해야 원하
는 목표를 달성할 수 있을지 알기 힘듭니다. 그래서 비가 와도 더
워도 추워도 이를 악물고 훈련하지요. 훈련한 만큼 성장할 것을
알기 때문입니다.

질문도 훈련해야 합니다. 하지만 지식을 일방적으로 전달받는
교육 시스템에 길든 청소년들은 질문이 익숙하지 않습니다. 그

생각하는 힘을 키우는 십대의 질문법

래서 더욱 훈련해야 합니다. 야구 선수가 훈련하듯 평소 삶에서 질문하는 훈련을 해야 합니다. 질문은 근육 같아서 자주 하면 할수록 더 좋은 질문이 나옵니다.

그렇다면 청소년기에는 어떤 훈련으로 질문 능력을 향상할 수 있을까요?

첫째, 질문 능력을 기를 수 있는 기초 능력을 훈련해야 합니다. 호기심, 관심, 비판적 사고, 뻔뻔함, 자신감을 기르는 훈련을 해야 합니다. 이 능력이 없다면 질문은 나오지 않을 테니까요.

둘째, 질문 하나에 정보 하나를 담는 훈련이 필요합니다. 말을 할 때도 글을 쓸 때도 한 문장에 하나의 생각, 하나의 메시지만 넣는 것이 효과적입니다.

질문할 때도 다르지 않습니다. 하나의 정보를 담아서 물어야 질문의 목적과 내용을 명확하게 전달할 수 있습니다. 그러면 상대도 질문의 핵심을 명확하게 이해하고 답변을 내놓을 것입니다. 여러 정보를 포함한 질문은 답변이 불분명하거나 포괄적일 수 있어 효과적이지 않습니다.

셋째, 경청을 훈련해야 합니다. 질문한다는 것은 답변을 듣기 위해서지요. 따라서 잘 들어야 자신이 묻는 내용의 답변을 얻을 수 있습니다. 듣지 않으면 질문할 필요도 없습니다.

그런데 많은 사람이 질문을 해 놓고 듣지 않습니다. 자신이 무슨 말을 할 것인지, 다음에는 어떤 질문을 할 것인지에 몰두하지요. 대답을 듣기 위해 질문하는 것이 아니라 질문하기 위해 질문하는 꼴입니다. 하지만 질문의 목적은 답을 듣기 위해서입니다.

경청을 잘하려면 적극적으로 들어야 합니다. 상대의 대답을 이해하고 수용하려는 태도를 지녀야 잘 들을 수 있습니다. 또한 상대가 답변하는 내용 중 핵심이 될 만한 것은 꼭 메모해야 합니다. 메모하지 않으면 잊기 마련이니까요.

답변을 듣고 맞장구쳐 주는 것도 좋습니다. "지금 답변은 이런 뜻이 맞지요?"라고 확인하면서 듣는 것입니다. 그러면 상대는 자신이 존중받고 있다고 생각할 것이고, 더 깊은 대화를 이어 갈 수 있습니다.

넷째, 답변과 관련된 내용으로 질문하는 것을 훈련해야 합니다. 질문 하나에 정보 하나만 담는다면 궁금증을 완전하게 해결하기 힘듭니다. 그래서 처음 질문에 대한 답변을 바탕으로 더 궁금한 것을 추가로 물어야 합니다. 이렇게 연속적으로 질문하면 깊이와 너비가 있는 답변을 얻을 수 있습니다.

다섯째, 상대를 존중하는 겸손한 태도도 훈련해야 합니다. 상대의 의견과 답변을 존중하고 배우고자 하는 자세, 들으려고 하는 자세가 더 나은 대화를 이끕니다. 태도가 좋지 않으면 질문에 대

생각하는 힘을 키우는 십대의 질문법

한 답변도 듣지 못하고, 상대와 좋은 관계도 형성할 수 없습니다.

여섯째, 긍정문으로 질문하는 것을 훈련해야 합니다. 문장에는 부정문과 긍정문이 있고, 말도 다르지 않습니다. 질문할 때 부정문으로 물으면 부정에 초점이 맞춰집니다. 그러면 상대는 부정에 가까운 답을 찾으려고 하겠지요. 반대로 긍정문으로 물으면 긍정적인 생각으로 답을 찾고, 당연히 긍정적인 답변이 나올 것입니다.

"이 일이 너무 복잡해서 해결하기 힘들겠지요?"

"이 영화 재미없겠지요?"

위 질문은 부정문입니다. 어떤 생각이 떠오르나요? 긍정문으로 물으면 이렇게 바꿀 수 있습니다.

"이 일이 너무 복잡하지만, 어떤 방식으로 해결할 수 있을까요?"

"이 영화는 어떤 점에서 재미있을까요?"

어떤 생각이 떠오르나요?

이 외에도 질문 능력을 향상하기 위해 훈련해야 할 것이 많습니다. 하지만 앞서 말한 여섯 가지부터 잘 훈련한다면, 질문 능력이 향상되며 동시에 자기 발전도 이룰 수 있습니다.

생각과 삶을 바꾸는 질문 훈련

이 챕터의 내용을 토대로 3단계 질문을 차례대로 만들어 보세요.
질문과 함께 답을 꼭 적어야 합니다.

● **1단계: 사실·이해 질문**

    Q: _____

    A:

● **2단계: 추론·사색 질문**

    Q: _____

    A:

● **3단계: 종합·깨달음·적용 질문**

    Q: _____

    A:

생각하는 힘을 키우는 십대의 질문법

Part 4

질문 수준이
답의 수준을 결정한다

질문 수준이
답의 수준을 결정한다

"훌륭한 질문 없이는
훌륭한 답이 존재할 수 없다."
- **팻 크로스**(미국 기업가)

공부하고 책을 읽는 이유는 생각하는 힘을 키우기 위해서입니다. 생각하는 힘이 있어야 더 나은 미래로 나아갈 수 있습니다.

생각하는 힘은 지식과 정보를 있는 그대로 받아들일 때 형성되지 않습니다. 의문을 품고 질문을 던질 때 생각하는 능력이 향상됩니다. 성공한 사람들이 뛰어난 이유는 좋은 질문을 던질 수 있는 능력 때문입니다. 이들은 어떤 상황에서도 더 나은 질문을 하고 더 나은 답을 얻으며 살아갑니다.

사이토 다카시 교수는 공부의 진정한 의미에 대해 이렇게 말했습니다.

생각하는 힘을 키우는 십대의 질문법

"공부는 '당연한 것에 질문을 던져 낯설게 보는 것'이다. 눈에 보이는 현상을 그대로 받아들이는 것이 아니라 지금 내가 보는 시각에 문제는 없는지, 나는 왜 그렇게 생각하는지, 이면에 숨겨져 있는 것은 없는지 등을 따져 보는 것이 공부의 본질이다. 즉, 매일 똑같이 반복되는 일상에 '나는 왜 그렇게 생각하고 행동했는가?'와 같은 질문을 던져 낯설게 볼 수 있도록 도와주는 것이다." ●

학교에서는 질문보다 대답을 많이 하게 됩니다. 질문을 하기보다는 정답을 암기하는 것이 성적을 올리는 데 효과적이니까요.

하지만 대답은 내 삶을 주도적으로 이끌어 줄 수 없습니다. 질문이 내 생각을 밝히고, 내 삶이 무엇인지 알려 주고, 그 삶을 살아갈 길을 밝혀 줍니다. 따라서 십대부터 질문을 훈련해야 합니다. 사이토 다카시의 말처럼 눈에 보이는 현상과 공부한 것을 그대로 받아들이는 것은 공부의 본질이 아닙니다.

공부하고 책을 읽었다면 읽기 전과 다른 생각을 할 수 있어야 하고, 더 나은 질문이 나와야 합니다. 더 나은 질문이 있어야 더 나은 답으로 삶을 바꿀 수 있습니다. 질문의 수준이 답의 수준을

● 사이토 다카시, 『내가 공부하는 이유』, 걷는나무, 2014.

결정하기 때문입니다.

우리는 삶에 어떤 질문을 던지느냐에 따라 그에 걸맞은 답변을 얻고, 찾은 답대로 살아갑니다. 내 삶을 바꾸려면 마음에 들지 않는 삶에서 벗어나려고 몸부림치지 말고, 질문을 바꾸는 공부를 해야 합니다. 질문이 바뀌면 답변과 그때 삶도 바뀌니까요.

현재 실패와 고난 속에서 힘들다면, 좌절하지 말고 질문을 바꾸어야 합니다. 그렇다면 어떻게 질문해야 할까요?

"나는 왜 계속 실패만 하지? 내 삶은 왜 풀리지 않는 거야?"

이런 질문은 삶을 변화시키지 못합니다. 부정적인 생각에서 비롯된 질문이므로 긍정적인 결과를 만들 수 없습니다. 질문이 달라져야 실패와 고난을 바라보는 시각도 달라집니다.

"이 실패와 고난으로 내가 배워야 할 것은 무엇일까? 지금 내가 해야 하고 할 수 있는 것은 무엇일까? 지금보다 더 발전하려면 어떻게 해야 할까?"

이렇게 질문할 수 있다면 실패와 고난은 더 이상 내 삶을 무너뜨리는 걸림돌이 아닙니다. 더 단단하게 성장하도록 돕는 디딤돌이지요.

어제보다 더 나은 질문을 던지는 공부를 하세요. 내가 질문을

생각하는 힘을 키우는 십대의 질문법

던져야 책도 삶도 세상도 답을 줍니다. 단순히 읽기만 하거나 열심히 살기만 해서는 지혜도 깨달음도 얻을 수 없습니다. 질문을 던지면서 읽어야 그 질문을 해결할 답을 책에서 만날 수 있습니다. 언제 어느 때든 질문의 수준이 답의 수준을 결정합니다.

생각과 삶을 바꾸는 질문 훈련

이 챕터의 내용을 토대로 3단계 질문을 차례대로 만들어 보세요.
질문과 함께 답을 꼭 적어야 합니다.

● **1단계: 사실·이해 질문**

   Q: _____

   A:

● **2단계: 추론·사색 질문**

   Q: _____

   A:

● **3단계: 종합·깨달음·적용 질문**

   Q: _____

   A:

생각하는 힘을 키우는 십대의 질문법

개방형 질문 vs 폐쇄형 질문

"마냥 먼 미래의 일을 근심하며 오늘을 걱정하는 것보다
현재 자신이 해야 할 일부터 차근차근 해결하는 것이 현명하다."
- **토머스 칼라일**(영국 역사학자)

어떤 질문을 던지느냐에 따라 답이 결정됩니다. 답은 질문으로 어느 정도 결정되었다고 봐도 됩니다. 질문 형식도 답의 수준을 결정지어 줍니다. 그래서 질문 형식을 배워 둘 필요가 있습니다.

지금부터 배울 질문은 개방형 질문과 폐쇄형 질문입니다. 가장 자주 쓰는 질문이기도 하지요. 개방형 질문이냐, 폐쇄형 질문이냐에 따라 들을 수 있는 답변은 완전히 다릅니다.

먼저 개방형 질문의 특징에 관해 살펴볼까요?

- 답변이 다양하고 풍부하다.
- 새로운 정보를 발견하는 데 유용하다.

• 응답자가 자신의 경험, 느낌, 의견 등을 자유롭게 표현할 수 있다.

개방형 질문은 답변의 범위를 넓게 열어 둡니다. 상대가 자유롭게 생각하고 대답할 수 있도록 이끄는 질문입니다. 응답자가 답변을 결정하는 것이지요. "예.", "아니요." 같이 단답형으로 대답할 수 없습니다.

예를 들면 "이 책을 읽고 느낀 점은 무엇인가?", "동아리 활동을 하면서 가장 보람 있었던 점은 무엇인가?", "체험 학습을 다녀온 소감은 무엇인가?"처럼 질문할 수 있습니다. 이 질문은 응답자가 자신의 경험이나 생각을 자세히 답변할 수 있게 합니다.

반면에 폐쇄형 질문은 응답자의 답변이 제한적이며 특징은 이렇습니다.

• 답변이 짧고 명확하다.
• 특정 정보나 사실을 빠르게 확인하는 데 유용하다.
• 대화의 방향을 쉽게 통제할 수 있다.

폐쇄형 질문은 구체적인 답변을 듣는 데 효과적입니다. 답변의 범위가 제한적이어서 중요한 내용을 확인하는 데 도움이 되지요.

예를 들면 "이 책을 읽었는가?", "동아리 활동 마감 시한은 언제인가?", "어디로 체험 학습을 다녀왔는가?"처럼 질문할 수 있습니다. 이렇게 질문하면 응답자에게 사실 관계를 확인할 수 있습니다.

청소년기의 개방형 질문과 폐쇄형 질문은 얻는 것이 다릅니다. 청소년기에 배우면 좋을 다섯 가지 영역의 질문 형식에 대해 살펴봅시다.

영역	질문 형식	특징 및 장점
의사소통 능력	개방형 질문	대화 주제가 풍부하고, 상대의 생각과 감정을 깊이 이해할 수 있다.
	폐쇄형 질문	정보와 사실을 명확하게 확인해 상대를 정확하게 이해할 수 있다.
문제 해결 능력	개방형 질문	문제의 다양한 측면을 탐구하고, 창의적인 해결책을 모색할 수 있다.
	폐쇄형 질문	명확한 정보를 얻고, 신속한 결정을 내릴 수 있다.
관계 능력	개방형 질문	상대의 다양한 생각과 마음을 공유해 친밀감을 쌓을 수 있다.
	폐쇄형 질문	상대의 특정 정보나 사실을 명확하게 인식할 수 있다.
학습 능력	개방형 질문	주제를 깊이 탐구하며 자기 관심사를 확장해 나갈 수 있다.
	폐쇄형 질문	중요한 사실과 개념을 확인하고, 시험 준비를 더 효율적으로 할 수 있다.
자아 탐색 능력	개방형 질문	자신의 경험과 감정을 성찰하며 자신을 깊이 이해하는 데 도움이 된다.
	폐쇄형 질문	자신의 가치관과 신념을 명확히 알 수 있어 신속한 의사 결정에 도움이 된다.

청소년기에는 개방형 질문을 많이 던지면 좋습니다. 비판적 사고 능력과 창의성을 기르고, 자신과 관심사를 깊이 파악하는 데 도움이 되기 때문입니다.

생각과 삶을 바꾸는 질문 훈련

이 챕터의 내용을 토대로 3단계 질문을 차례대로 만들어 보세요.
질문과 함께 답을 꼭 적어야 합니다.

● **1단계: 사실·이해 질문**

   Q: _____

   A:

● **2단계: 추론·사색 질문**

   Q: _____

   A:

● **3단계: 종합·깨달음·적용 질문**

   Q: _____

   A:

학습 능력을 향상하는 질문

"젊었을 때 배움을 소홀히 하는 자는 과거를 잃고,
미래에도 죽은 자가 된다."
- 에우리피데스(고대 그리스 시인)

우리 뇌는 질문을 던지면 그 질문의 답을 찾으려고 움직입니다. 예를 들어 "주위에서 노란색이 어디 있나요?"라는 질문을 받았다면 뇌는 노란색에만 반응합니다. 빨간색이나 파란색 등 다른 색은 스쳐 지나가고 인식조차 안 되지요.

질문의 효과는 우리가 상상한 것보다 훨씬 큽니다. 따라서 학습 능력을 향상할 때도 질문으로 접근하면 좋습니다. 질문의 수준에 따라 답도 달라지니까요.

학습 능력과 문제 해결 능력은 Part 2와 밀접하게 연결되어 있습니다. Part 2에서 이야기한 기초 능력이 탄탄하면 학습 능력과 문제 해결 능력은 저절로 향상됩니다. 학습 능력을 향상하는 질

생각하는 힘을 키우는 십대의 질문법

문은 무수히 많습니다. 그중에서도 다음과 같은 질문을 던질 수 있다면, 현재보다 나은 학습 능력을 키울 수 있습니다.

1. 기초 이해 질문

어떤 공부든 먼저 새로운 지식과 개념을 이해해야 합니다. 사실을 사실로 보지 못하면 이해도 분석도 적용도 할 수 없습니다. 기초 이해 질문은 사실을 확인하고 이해할 수 있도록 이끌어 줍니다. 공부하면서 새로운 내용을 만나면 개념과 정보를 이해할 수 있는 질문을 던지세요.

다음은 개념과 용어를 이해하고 기억하는 질문 유형입니다. 참고해서 기초 이해 질문을 던지는 훈련을 해 보세요.

- 피타고라스의 정리는 무엇을 설명하고 있을까?
- 소설을 이루는 세 가지 요소는 무엇일까?
- 뉴턴의 첫 번째 운동 법칙은 무엇일까?
- 광합성의 정의는 무엇일까?
- 문학에서 비유란 무엇일까?

2. 분석·탐구 질문

새롭게 만난 개념과 정보를 어느 정도 이해했다면, 이제는 심화된 질문이 필요합니다. 개념과 정보의 구성 요소 및 관계를 이해하기 위해서지요.

컴퓨터가 무엇인지 개념이 정리되면, 그 구성 요소까지 살펴서 완전히 이해해야 합니다. 어렴풋이 알아서는 오랫동안 기억할 수 없고 활용하기도 어렵기 때문입니다. 분석·탐구 질문은 깊이와 너비를 추구하도록 돕습니다.

• 이 문제의 핵심은 무엇일까?
• 이 시에서 사용된 주요 상징은 무엇이며, 그것이 시의 주제에 어떻게 기여할까?
• 제1차 세계 대전의 주요 원인은 무엇일까?
• 이 그림에서는 색채 사용이 감정 표현에 어떤 영향을 주고 있을까?
• 도시화가 환경에 미치는 주요 영향은 무엇일까?

3. 종합 질문

종합 질문은 이해한 개념과 정보를 토대로 기존 지식을 새로운 방식으로 결합하게 합니다. 단순히 지식을 습득하는 것을 넘어, 그 지식을 응용하고 새로운 아이디어를 창출하는 능력을 기르도록 돕습니다. 다양한 정보를 재평가하며 새로운 결론과 아

생각하는 힘을 키우는 십대의 질문법

이디어, 해결책을 도출하는 단계입니다. 따라서 자신만의 논리 체계를 구축하고 구조화하는 데 효과적이지요.

- 이해하고 분석한 지식과 정보를 토대로 새롭게 깨달은 것은 무엇일까?
- 이해하고 분석한 내용을 토대로 문제를 해결할 새로운 방법이 있다면 무엇일까?
- 다른 전문가나 책에서는 이해한 내용에 대해 어떤 견해를 내세우고 있을까?
- 이해하고 분석한 내용을 무엇과 결합하면 더 나은 해결책을 도출할 수 있을까?

기초 이해 질문, 분석·탐구 질문, 종합 질문만 제대로 던지고 답을 찾는다면 학습 능력은 분명히 향상됩니다. 이 외에도 평가 질문, 적용 질문, 창의적 질문을 활용하면 더 나은 학습 능력을 기를 수 있습니다.

가장 중요한 점은 질문을 던지고 답을 찾아보는 것입니다. 단 하나의 질문이라도 제대로 던진다면, 그에 걸맞은 답을 찾을 수 있습니다.

생각과 삶을 바꾸는 질문 훈련

이 챕터의 내용을 토대로 3단계 질문을 차례대로 만들어 보세요.
질문과 함께 답을 꼭 적어야 합니다.

● **1단계: 사실·이해 질문**

   Q: _____

   A:

● **2단계: 추론·사색 질문**

   Q: _____

   A:

● **3단계: 종합·깨달음·적용 질문**

   Q: _____

   A:

생각하는 힘을 키우는 십대의 질문법

문제 해결 능력을 키우는 질문

"현명한 대답을 원한다면 합리적인 질문을 하라."
- **요한 볼프강 폰 괴테**(독일 작가)

4차 산업 혁명 시대는 급변하고 복잡하며, 모호하고 불확실하다는 특성이 있습니다. 다양한 문제가 얽히고설켜 있는 시대에 실력 있는 인재는 문제 해결 능력이 있는 사람입니다. 성적 좋은 사람이 아니라 자기만의 방식으로 문제를 해결하는 사람이지요.

사람들은 문제를 만나면 대부분 두 부류의 반응을 보입니다. 첫 번째 부류는 문제 앞에서 부정적으로 생각하고 핑곗거리를 찾습니다. 그들이 주로 하는 질문은 이렇습니다.

- 내가 뭘 한다고 해서 달라질 게 있겠어?
- 이 문제는 내가 해결하기에는 너무 어려워.

반면에 두 번째 부류는 핑계 대신 방법을 찾기 위한 질문을 던집니다.

- 이 문제를 해결할 좋은 방법은 무엇일까?
- 이 문제를 함께 해결하면 좋을 사람은 누구일까?
- 이 문제를 해결하지 않으면 어떤 일이 생길까?

문제를 만나면 회피하지 말고 부딪혀야 합니다. 좋은 질문을 던지며 문제를 해결하려고 해야 합니다. 문제 해결 능력도 다음과 같은 질문으로 키우면 좋습니다.

1. 원인 분석 질문

문제를 해결하려면 문제가 무엇인지 알아야 합니다. 문제가 무엇인지 아는 사람이 실력자지요. 삶의 문제, 공부 문제, 진로 문제 등을 제대로 파악해야 해결책을 마련할 수 있습니다. 문제가 무엇인지 모른다면 질문도 무용지물이 됩니다. 문제 해결 능력을 키우려면 먼저 질문으로 문제의 원인을 파악해야 합니다.

- 이 문제가 일어난 주요 원인은 무엇일까?
- 왜 이런 상황이 발생하게 되었을까?

생각하는 힘을 키우는 십대의 질문법

- 이 문제의 핵심은 무엇일까?
- 이 문제가 끼치는 영향은 어디까지일까?
- 이 문제에 대해 더 많은 정보를 어디에서 얻을 수 있을까?

2. 해결책 탐색 질문

문제를 분석했다면 이제 문제 해결 방법을 도출하는 질문이 필요합니다. 문제 해결을 위한 가설을 설정하고 검증하는 질문으로 해결책을 탐색하는 것입니다.

- 이 문제를 해결할 수 있는 다른 방법으로는 무엇이 있을까?
- 이 해결책을 실행할 때 예상되는 어려움은 무엇일까?
- 지금 세운 가설이 맞다면 어떤 결과가 나올까?
- 이 가설을 검증하기 위해 어떤 실험이나 테스트가 필요할까?
- 이 해결책이 효과적이라고 생각하는 이유는 무엇일까?

3. 의사 결정과 피드백 질문

해결책을 탐색했다면 이제는 의사를 결정해야 합니다. 가장 적합하다고 판단한 것을 선택해 실행하는 것입니다. 머뭇거리면 아무것도 해결할 수 없습니다. 두려움을 물리치고 결단해서 행동할 때 문제는 해결되기 마련입니다. 설령 실패해도 괜찮습니다. 실패 과정에서 다른 해결책을 마련할 수 있으니까요. 이때는 피드백 질문으로 새로운 해결책을 도출하면 됩니다.

- 이 해결책이 최선의 선택인 이유는 무엇일까?
- 이 해결책을 선택하면 어떤 결과를 기대할 수 있을까?
- 결정 과정에서 고려해야 할 요소는 무엇일까?
- 해결책을 실행한 결과 어떤 변화가 있었나?
- 해결책을 실행하고 나서 새롭게 깨닫거나 발견한 아이디어 는 무엇일까?

문제 해결 능력이 커지면 변화하는 상황에 빠르게 적응하고, 새로운 도전에 효과적으로 대응할 수 있습니다. 불확실한 상황에서 유연하게 대처하는 능력도 향상됩니다. 그러므로 꼭 문제 해결 능력을 갖추도록 노력해 보세요.

생각과 삶을 바꾸는 질문 훈련

이 챕터의 내용을 토대로 3단계 질문을 차례대로 만들어 보세요.
질문과 함께 답을 꼭 적어야 합니다.

● **1단계: 사실·이해 질문**

    Q: _____

    A:

● **2단계: 추론·사색 질문**

    Q: _____

    A:

● **3단계: 종합·깨달음·적용 질문**

    Q: _____

    A:

의사소통 능력을 향상하는 질문

"사람을 싫어하는 것을 고치는 간단한 방법이 있다.
타인의 장점을 발견하는 것이다."
– 데일 카네기(미국 작가)

4차 산업 혁명 시대의 핵심은 융합과 연결입니다. 이 시대에서는 서로 다른 분야와 연결 짓고 융합해 새로운 것을 창조하는 능력이 필요합니다.

융합과 연결하려면 다양한 분야의 사람들과 함께 일할 수밖에 없습니다. 이때 필요한 능력이 의사소통입니다. 서로의 생각과 의견을 원활하게 소통할 수 있어야 의미 있는 결과를 만들어 낼 수 있습니다. 자기 생각을 명료하게 전달하지 못하거나, 상대의 의견을 잘 수용하지 못하면 효과적인 의사소통을 할 수 없습니다.

지금은 세계 시장에서 경쟁과 협력이 빈번해지면서 다양한 문화적 배경을 가진 사람들과 의사소통하는 일이 많습니다. 의사소

생각하는 힘을 키우는 십대의 질문법

통 능력은 4차 산업 혁명 시대의 핵심 능력입니다.

1. 동기 부여 질문

서로 다른 분야의 사람들과 협력하려면 상대의 동기를 먼저 이해해야 합니다. 어떤 목표를 이루려고 하는지 안다면, 무엇을 어떻게 도우면서 함께할지 파악할 수 있습니다. 또한 상대가 지속적으로 학습하고 새로운 목표를 설정할 수 있도록 도울 수 있습니다. 자기 동기도 밝히면서 서로가 추구하는 방향을 원활하게 조절하는 역할을 동기 부여 질문으로 풀어낼 수 있습니다.

- 이 프로젝트에 참여하게 된 동기는 무엇인가요?
- 이 목표를 달성하기 위해 준비한 것이나 계획은 무엇인가요?
- 이 목표를 달성하려면 어떤 기술이나 지식이 필요한가요?
- 당신이 추구하는 목표 달성에 내가 어떤 도움을 주면 좋겠나요?

2. 상대 이해 질문

동기 부여 질문과 함께 해야 할 것은 상대를 이해하는 질문입니다. 상대가 어떤 사람인지 알아야 효과적으로 의사소통할 수 있습니다.

간단한 방법으로 상대를 이해하는 도구로 MBTI가 있습니다. 간이 도구로 검사하고 설명해 주는 사이트가 있어서 쉽게 접근할 수 있지요. 상대의 성격이나 기질을 이해하면 기분 상하지 않게 의사소통하며 협력할 수 있습니다. 또한 다음과 같은 질문으로 상대를 이해하는 것도 좋습니다.

- 어떤 상황일 때 편안함과 불편함을 느끼나요?
- 이거 하나만큼은 꼭 지켜 주었으면 하는 것은 무엇인가요?
- 삶에서 가장 중요하게 생각하는 가치나 신념은 무엇인가요?
- 관계에서 가장 중요하게 여기는 것은 무엇인가요?
- 실패를 어떻게 받아들이고 극복하나요?
- 도전해야 할 상황에서는 어떤 태도로 임하나요?
- 자신이 어떤 사람으로 기억되기를 바라나요?

3. 의사소통 질문

상대와 의사소통할 때는 의견을 확실하게 표현하는 것이 중요합니다. 자기 생각이나 의견을 제대로 알리고, 상대의 생각과 의견을 온전히 알아야 논의를 이어 갈 수 있습니다. 설명을 더 명확하게 이해하고 대화를 깊이 있게 이어 가려면 탐구 질문을 던지면 좋습니다.

생각하는 힘을 키우는 십대의 질문법

- 조금 더 자세히 설명해 줄 수 있나요?
- 그렇게 생각한 이유는 무엇인가요?

상대의 말을 명확히 이해하고 오해를 방지하려면 확인형 질문이 좋습니다.

- 그게 무슨 의미인지 조금 더 보완해서 말해 줄 수 있나요?
- 여기서 말하는 '이것'을 내가 제대로 이해한 것이 맞나요?

상대의 의견이나 생각을 묻고, 다양한 시각을 이해하며 논의를 촉진하고 싶을 때는 의견을 묻는 질문을 던지세요.

- 이 문제에 대해 어떻게 생각하나요? 나와 다른 의견이 있다면 말해 주세요.
- 이런 상황이라면 어떤 결정을 내릴 것 같나요?

자기 행동이나 아이디어에 대한 피드백을 얻을 때도 다음과 같이 질문하면 좋습니다.

- 내 아이디어나 의견에 대한 당신의 생각은 어떤가요?

• 현재 상황에서 어떤 점을 개선하면 좋을까요?

이 외에도 다양한 질문을 활용해 의사소통 능력을 향상해야 합니다. 의사소통 능력 없이는 4차 산업 혁명 시대가 필요로 하는 인재가 될 수 없으니까요.

생각하는 힘을 키우는 십대의 질문법

생각과 삶을 바꾸는 질문 훈련

이 챕터의 내용을 토대로 3단계 질문을 차례대로 만들어 보세요.
질문과 함께 답을 꼭 적어야 합니다.

● **1단계: 사실·이해 질문**

    Q: _____

    A:

● **2단계: 추론·사색 질문**

    Q: _____

    A:

● **3단계: 종합·깨달음·적용 질문**

    Q: _____

    A:

관계를 좋게 만들어 가는 질문

"문제에 봉착했을 때는 환경이나 주변 사람을 탓하지 말고
자기 자신에게서 먼저 문제를 찾으세요.
주변 사람이나 환경을 바꾸는 것보다
자신을 변화시키는 일이 훨씬 쉬우니까요."
- **힐러리 클린턴**(미국 정치인)

　살다 보면 내 마음대로 되지 않는 것이 많습니다. 그중에서 가장 힘든 영역이 사람과의 관계라고들 이야기합니다. 공부보다 힘들다고 할 정도지요. 공부는 자신의 노력으로 가능하지만, 관계는 혼자 힘으로 만들어 갈 수 없습니다. 어른들도 관계를 힘들어하기는 마찬가지입니다. 사회생활 전부가 관계라고 이야기할 정도입니다.

　좋은 관계 속에서 살아간다는 것은 말처럼 쉽지 않습니다. 그래도 우리는 좋은 관계를 맺는 방법을 배우고 실천해야 합니다. 인간은 관계 속에서 사랑, 행복, 성취, 보람을 느끼며 살아가기 때문입니다.

1. 자신과의 관계를 좋게 하는 질문

상대와 좋은 관계를 만들어 가려면 자신과의 관계부터 점검해야 합니다. 자신과 관계가 좋지 않으면 상대와의 관계도 좋게 만들기 어렵기 때문입니다. 좋은 관계 맺기의 첫 단추는 자신과의 관계를 좋게 하는 것입니다.

보통 자신과 관계가 좋지 않은 사람은 내면의 상처가 있는 경우가 많습니다. 상처가 깊으면 자신을 존중하기보다는 비난하는 경우가 많습니다. 자기는 행복을 누릴 만한 자격이 없다고 여기기도 합니다. 하지만 자신을 비난하는 태도에서 벗어나야 관계를 개선할 수 있습니다. 자신을 존중하지 못하면 남도 존중할 수 없습니다.

있는 그대로의 자신을 받아들이는 것도 중요합니다. 우리는 완벽하지 않아서 실수하고 넘어집니다. 하지만 넘어지면서 일어서는 법을 배웁니다. 좌절하고 실패하면서 성숙해집니다.

따라서 자신이 마음에 들지 않더라도 있는 그대로를 보려고 해야 합니다. 남이 인정해 주는 것도 중요하지만, 자기가 자신을 인정하고 수용하는 태도가 더 중요합니다. 이럴 때 자신과의 관계가 개선됩니다.

자신과의 관계를 좋게 하는 질문은 다음과 같습니다. 이 질문을 자기에게 던지며, 있는 그대로의 자신을 인정해 보세요.

- 나를 위해 오늘 무엇을 했나?
- 나를 돌보기 위한 활동에는 무엇이 있을까?
- 지금 내 감정을 어떻게 표현할 수 있을까?
- 나를 행복하게 만드는 것은 무엇일까?
- 내가 자랑스러웠던 순간은 언제였을까?
- 지금보다 더 나은 나를 위해 무엇을 하면 좋을까?

2. 상대를 깊이 알아 가는 질문

나를 존중한다는 것은 상대를 알아 갈 준비가 끝났다는 의미입니다. 이제는 관계를 맺어야 하는 상대를 제대로 알아 가는 질문 능력이 필요합니다. 질문 수준에 따라 상대도 보이기 때문입니다.

첫째, 상대에 대해 호기심을 품으세요. 상대를 알고 싶다는 마음이 강하면 질문은 저절로 나옵니다. "이 사람은 어떤 사람일까?", "무엇에 관심이 많을까?" 등을 질문한다면 상대가 보이기 마련입니다. 내가 관심을 두고 진실하게 질문하면, 상대도 마음

생각하는 힘을 키우는 십대의 질문법

을 열고 대화에 참여해 자연스레 관계가 지속될 것입니다.

- 주말에는 주로 무엇을 하며 시간을 보내나요?
- 스트레스를 받으면 어떻게 푸나요?
- 보람을 느꼈던 적은 언제였나요?
- 앞으로 무엇을 해 보고 싶나요?

둘째, 눈에 보이는 현상이나 결과보다 감정과 마음에 관심을 두세요. 그렇게 다가서면 상대는 자신이 이해받고 있다고 느낄 것입니다. 마음을 더 열고 이야기를 이어 가거나 속마음을 드러내는 것도 주저하지 않겠지요. 그러면 당연히 좋은 관계로 이어질 것입니다. 따라서 사실보다는 감정과 마음에 초점을 두고 질문해 보세요.

- 어떤 점 때문에 보람을 느낄 수 있었나요?
- 그 일이 일어났을 때 즐거웠나요? 아니면 답답했나요?
- 혹시 주변에서 당신을 힘들게 하는 사람은 없나요?
- 이 경험이 당신에게 어떤 의미가 있나요?

셋째, 공감하는 마음으로 다가가세요. 공감은 상대의 삶을 존중하며 이해하는 것을 의미합니다. 자신의 관점이나 선입견으로 상대를 대하지 않는 것입니다. 상대를 위하며 건네는 조언이나 자기 생각 또는 느낌을 이야기하는 것이 아닙니다.

공감은 상대가 겪고 있는 삶을 함께해 주는 것입니다. 내가 힘들 때 나와 함께해 주는 사람이 있으면 든든합니다. 버티고 견딜 힘이 생깁니다. 이때는 질문이 필요 없습니다. 가만히 손잡아 주고, 함께 눈물을 흘리고, 진심으로 기뻐해 주면 됩니다. 이런 사람과는 평생 관계를 이어 가고 싶겠지요. 좋은 관계는 이렇게 만들어 갈 수 있습니다.

생각과 삶을 바꾸는 질문 훈련

이 챕터의 내용을 토대로 3단계 질문을 차례대로 만들어 보세요.
질문과 함께 답을 꼭 적어야 합니다.

- **1단계: 사실·이해 질문**

    Q: _____

    A:

- **2단계: 추론·사색 질문**

    Q: _____

    A:

- **3단계: 종합·깨달음·적용 질문**

    Q: _____

    A:

챗GPT를 제대로 활용하는 질문

"거리낌 없이 한 시간을 낭비하는 사람은
아직 삶의 가치를 발견하지 못한 사람이다."
- 찰스 다윈(영국 생물학자)

챗GPT가 등장하면서 지식과 정보를 대하는 방식에 커다란 변화가 생겼습니다. 챗GPT는 생성형 AI이기 때문입니다. 생성형이란 '인공지능이 텍스트, 이미지, 음악 등의 콘텐츠를 학습한 뒤 이를 활용해 다양한 콘텐츠를 만들어 내는 기술'을 뜻합니다.

챗GPT는 프롬프트에서 요구하는 질문과 명령어에 스스로 학습해서 답변을 내놓습니다. 답변 수준은 놀라울 정도입니다. 그 분야 최고 전문가 수준에 도달할 만큼이지요.

챗GPT는 훌륭한 비서이자 파트너입니다. 내가 공부하고 추구하는 분야의 훌륭한 컨설턴트가 되어 줍니다. 명령어에 따라 척척 일을 처리해 주니 효율적입니다.

생각하는 힘을 키우는 십대의 질문법

처리 시간도 빠릅니다. 단 몇 초면 답을 주고, 이전의 답은 기억해 두었다가 그것을 토대로 더 나은 답변을 도출해 주기도 합니다. 학습과 지식 향상에 매우 유용한 도구지요. 청소년기에 생성형 AI를 잘 활용하면 학습과 문제 해결, 창의력 증진에 많은 도움을 받을 수 있습니다.

챗GPT를 잘 활용하는 사람은 더 빨리 똑똑해질 수밖에 없습니다. 마치 로켓에 올라탄 것 같습니다.

어려운 논문이나 책의 내용이 궁금할 때 챗GPT에 물으면 뚝딱 내용을 요약해 줍니다. 챗GPT가 제일 잘하는 것이 요약입니다. 내용이 어려울 때 청소년이 이해하기 쉽게 설명해 달라고 하면 됩니다. 그러면 쉬운 언어로 풀어 줍니다. 몇 시간 공들여 얻어야 할 지식과 정보를 바로 내 손에 넣을 수 있으니, 비약적으로 성장하는 것은 시간문제입니다. 이제 챗GPT 같은 생성형 AI 활용은 선택이 아니라 필수입니다.

그렇다면 어떻게 해야 효과적으로 챗GPT를 활용할 수 있을까요? 어떤 능력을 갖춰야 챗GPT로 의미 있는 결과를 만들 수 있을까요?

첫째, 명확한 목표 설정이 필요합니다. 무엇을 물어볼 것인지 정리되어 있어야 하지요. 자신이 궁금하고 해결해야 할 과제가 무엇인지 알아야 그와 관련된 명령어를 던질 수 있습니다. 궁금한 것, 알아내야 할 것, 원하는 것이 없으면 제아무리 뛰어난 챗GPT일지라도 제대로 활용할 수 없습니다. 목표가 명확하면 챗GPT에 구체적이고 적절한 질문을 던지고, 원하는 답변을 얻을 수 있습니다.

둘째, 비판적 사고가 필요합니다. 챗GPT가 주는 답은 정확하지 않을 수 있습니다. 내재한 데이터를 학습하면서 답을 만들다 보니 사실이 아닌 것을 가공해 답변해 주는 경우가 있습니다. 따라서 비판적으로 답변을 평가하고 추가로 자료를 조사하면서 타당성을 검증해야 합니다. 그래야 오류를 범하지 않습니다.

셋째, 자기 주도 학습 능력이 필요합니다. 스스로 학습 목표를 설정하고, 학습 계획을 세우고, 학습 결과를 평가하는 능력이 있어야 새로운 정보를 지속적으로 탐색하고 습득할 수 있습니다. 자기 주도 학습 능력이 있어야 챗GPT 활용도를 극대화할 수 있습니다. 자기 발전은 자기 주도 학습 과정에서 이루어집니다.

이 외에도 커뮤니케이션 능력, 윤리적 사고와 책임감 등의 능력이 필요합니다. 하지만 앞에서 소개한 세 가지 능력만 갖춰도 효율적으로 챗GPT를 활용할 수 있습니다.

생각하는 힘을 키우는 십대의 질문법

챗GPT를 잘 활용하는 능력이 무엇인지 알았다면 이제는 효과적인 질문 능력을 키워야 합니다. 질문과 명령어 수준에 따라 답의 수준이 달라지기 때문입니다.

첫째, 구체적이고 명확하게 질문해야 합니다. 모호한 질문은 모호한 답변으로 이어질 수 있습니다. 따라서 질문의 범위와 내용을 구체적으로 설정하는 것이 중요합니다.

질문의 맥락이 맞지 않더라도 '핵심 키워드'는 꼭 필요합니다. 진화한 챗GPT는 어설프게 물어도 핵심 키워드를 토대로 답을 생성해 주기 때문입니다.

좋은 질문의 예: 태양 에너지가 우리나라 전력 생산에 미치는 영향은 무엇인가요?
나쁜 질문의 예: 태양 에너지에 대해 알려 주세요.

둘째, 궁금한 것에 대한 맥락을 제공한 뒤 질문해야 합니다. 그러면 챗GPT가 질문의 의도를 더 잘 이해하고, 그에 맞는 답변을 제시할 수 있습니다. 단순한 정보 이상의 깊이 있는 답변을 얻을 수 있지요.

좋은 질문의 예: 한국의 고등학교 교육 제도가 학생의 창의력

발전에 미치는 영향을 연구 중인데, 어떤 요소
가 창의력을 저해하나요?

나쁜 질문의 예: 한국의 교육 제도에 대해 알려 주세요.

셋째, 추가적인 질문을 던지며 심화해야 합니다. 그러면 정확
하고 유용한 정보를 얻을 수 있습니다. 또한 깊이 있는 이해를 통
해 주제에 다각적으로 접근할 수 있는 장점이 있습니다. 자연스
레 문제 해결력이 강화되지요.

첫 질문: 기후 변화의 주요 원인은 무엇인가요?

추가 질문: 그중에서 인간 활동이 기후 변화에 미치는 영향은
무엇인가요?

심화 질문: 인간 활동을 줄이기 위해 어떤 정책이 효과적일까
요?

이처럼 처음 답변을 토대로 궁금증을 계속해서 이어 가며 질
문을 구체화하고 확장하면 좋습니다.

이 외에도 비교 질문, 요약 질문, 정의 질문 등 다양한 질문이
있으니 목적에 따라 활용하면 좋습니다.

생각하는 힘을 키우는 십대의 질문법

챗GPT 활용의 핵심은 어떤 명령어, 즉 어떤 질문을 입력하느냐에 있습니다. 명령어와 질문 수준에 따라 답변 내용이 달라지기 때문입니다. 좋은 질문을 던지면서 자신이 추구하는 공부에 날개를 달아 보세요. 그러면 더 높이, 더 멀리 비상할 수 있을 것입니다.

생각과 삶을 바꾸는 질문 훈련

이 챕터의 내용을 토대로 3단계 질문을 차례대로 만들어 보세요.
질문과 함께 답을 꼭 적어야 합니다.

● **1단계: 사실·이해 질문**

Q: _____

A:

● **2단계: 추론·사색 질문**

Q: _____

A:

● **3단계: 종합·깨달음·적용 질문**

Q: _____

A:

생각하는 힘을 키우는 십대의 질문법

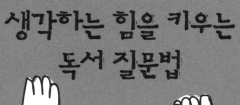

Part 5

생각하는 힘을 키우는
독서 질문법

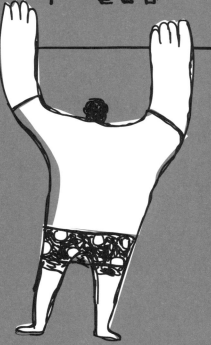

왜 읽어야 하는지 이유를 찾자

"목적 없는 독서는 산책일 뿐이다."
- 에드워드 불워 리턴(영국 작가)

생각하는 힘을 키우는 데 독서보다 효과적인 것은 없습니다. 그런데 책 한 권 읽기가 쉽지 않습니다. 영상에 노출되는 시간이 많으면 더 힘듭니다. 깊이 생각하는 훈련이 되어 있지 않기 때문입니다. 그래서 왜 읽어야 하는지 분명한 이유를 찾아야 합니다. 읽어야 할 이유를 발견하지 못하면 몇 장 넘기다 책을 덮는 경우가 허다합니다.

애니메이션 제작자 수다사투어 바수의 『허수아비의 노래』에는 책 읽기를 시작하려는 사람들이 눈여겨볼 만한 내용이 담겨 있습니다.

생각하는 힘을 키우는 십대의 질문법

허수아비는 오랫동안 서 있었던 작은 옥수수밭을 떠나기로 합니다. 자유로운 삶을 살기 위해서였지요. 허수아비는 길거리에서 암소를 만나고, 호수에서 물고기를 만납니다. 허수아비는 그들과 함께 놀고 싶었지만 암소는 아기와 주인에게 우유를 줘야 한다며, 물고기는 물속을 벗어날 수 없다며 거절합니다. 그래도 허수아비는 괜찮다고 생각합니다. 자유를 만끽하고 있었기 때문이지요.

그러던 어느 날, 허수아비는 세상이 누렇게 무르익은 것을 보게 됩니다. 문득 자신이 있었던 옥수수밭이 생각나 그곳으로 다시 돌아가지요. 그런데 허수아비가 없는 사이 옥수수밭은 엉망이 되어 있었습니다. 마음이 아픈 허수아비는 다시 옥수수밭에 남기로 합니다.

아주 짧은 동화지만 내용은 간단하지 않습니다. 같은 상황, 같은 자리에 있었지만 과거의 허수아비는 불행했고 자유를 누린 허수아비는 행복했습니다. 차이는 무엇일까요?

옥수수밭을 떠나기 전에는 '서 있어야' 했고, 자유를 누린 뒤에는 '서 있기로' 한 것입니다. '의무'인가 '원함'인가의 차이입니다. 스스로 선택한 것인지, 억지로 한 것인지의 차이가 불행과 행복을 갈랐습니다.

독서는 복잡한 인지 처리 과정을 거치는 지식 활동입니다. 텍스트를 읽고 이해하는 과정을 거쳐 내 생각과 논리로 삶을 살아가는 총체적 활동이지요. 실타래처럼 얽히고설킨 문제투성이 세상을 간접적으로 체험하는 과정입니다. 긴 시간 동안 한 권의 책에서 메시지를 찾아내야 하므로 집중력과 이해력, 사고력을 필요로 합니다.

이렇게 복잡한 과정에서 생각하는 힘을 기르고 삶의 변화를 꾀하려면 책을 읽는 이유가 분명해야 합니다. 책을 '읽어야 하는 것'이 아니라 '읽기로' 다짐하고 선택하는 동기가 필요합니다. 명확한 동기를 찾지 못하면 작심삼일에 그치는 경우가 많습니다. 과제 때문에, 부모님과 선생님의 강요 때문에 하는 독서는 힘이 없습니다. 자신만의 분명한 독서 이유가 있을 때 소중한 시간을 투자하며 책을 읽어 갈 수 있습니다.

마이크로소프트 창업자 빌 게이츠는 독서가로 유명합니다. 그는 지금의 자신을 있게 한 것이 독서라고 강조합니다.

"오늘의 나를 있게 한 것은 우리 마을 도서관이었다. 하버드 대학교 졸업장보다 중요한 것이 독서 습관이다. 인간에게는 한계가 있지만, 한계를 뛰어넘는 것이 독서다. 탁월한 삶을

생각하는 힘을 키우는 십대의 질문법

꿈꾼다면 독서하라.”

빌 게이츠가 독서에 힘을 기울인 이유는 생각하는 힘을 기르기 위해서였습니다. 그는 그 의미에 대해 “경쟁자는 두렵지 않다. 경쟁자의 ‘생각’이 두려울 뿐이다.”라고 말했습니다.

빌 게이츠는 생각의 중요성을 간파했습니다. 그래서 1년에 두 번씩 일주일 동안 ‘생각 주간Think Week’을 만들어 혼자만의 공간으로 들어갔습니다. 전화, 인터넷, TV가 없는 곳에서 책을 읽으면서 생각에 몰입했습니다.

그는 2주 남짓한 시간 동안 치열하게 생각하며 새로운 가치와 전략을 세웠습니다. 그 전략과 가치로 회사를 경영해 지금의 마이크로소프트로 성장시켰습니다.

투자의 귀재 워런 버핏도 생각하는 힘을 강조했습니다. 그는 “나는 1년에 50주는 생각하는 데 쓰고, 남은 2주만 일한다.”라고 말했지요. 버핏은 50주 동안 무엇을 할까요? 신문과 책을 읽으면서 생각의 힘을 키웁니다. 그 힘이 ‘투자의 귀재’라는 칭호를 얻게 한 것입니다.

빌 게이츠와 워런 버핏은 생각하는 힘을 기르기 위해 독서에 매진했습니다. 바쁜 일정이지만 책을 읽으면서 생각하는 시간을 보내고, 그 힘이 성공적인 삶을 사는 비결이라고 고백했습니다. 두 사람뿐만 아니라 성공한 사람들의 공통점 중 하나는 독서에 엄청난 열정을 가지고 있다는 것입니다.

청소년에게 독서는 선택 사항이 아니라 필수 사항입니다. 인공지능 시대에 생각하는 힘을 키우고 자신이 원하는 삶을 주도적으로 살아가려면 책을 읽어야 합니다. 그러므로 책을 읽어야 하는 자신만의 이유를 꼭 찾으세요. 왜 읽어야 하는지 스스로 답을 찾아야 독서로 생각과 삶을 바꿀 수 있습니다.

지금 스스로에게 왜 책을 읽어야 하는지 물어보세요. 책을 읽어야 하는 이유를 발견할 때까지 스스로 묻고 답하는 시간을 보내 보세요.

생각하는 힘을 키우는 십대의 질문법

생각과 삶을 바꾸는 질문 훈련

이 챕터의 내용을 토대로 3단계 질문을 차례대로 만들어 보세요.
질문과 함께 답을 꼭 적어야 합니다.

● **1단계: 사실·이해 질문**

   Q: _____

   A:

● **2단계: 추론·사색 질문**

   Q: _____

   A:

● **3단계: 종합·깨달음·적용 질문**

   Q: _____

   A:

책을 읽기 전에
미리 살펴야 할 것들

"나는 매일 아침 일어나면
'오늘 할 수 있는 일이 무엇일까?'라고 생각했다.
저녁에 잠자리에 들 때는
'내가 그것을 했는가?'라고 자문했다."
- 벤저민 프랭클린(미국 정치가)

여행과 독서는 닮은꼴이다

여행과 독서는 닮은 점이 많습니다. 쉼과 충전, 재미, 만남, 배움, 생각의 전환, 사고의 깊이를 더할 수 있다는 점이지요. 미지의 세계에 대한 탐험이라는 점도 닮은꼴입니다.

그런데 실제 여행을 가는 과정과 독서가 진행되는 과정은 사뭇 다릅니다. 대부분 사람은 여행을 가기 전에 사전 조사를 합니다. 교통, 숙박, 음식, 관광 등에 대해 꼼꼼하게 체크하고 준비합니다. 시행착오를 줄이고 기쁨을 더하기 위해 미리미리 알아보는 것이지요. 그래도 여행을 다녀오면 아쉬움이 남을 때가 많습니다.

생각하는 힘을 키우는 십대의 질문법

독서는 저자가 그려 놓은 세상으로 가는 여행입니다. 그런데 실제 여행을 떠나는 것처럼 준비하는 사람은 많지 않습니다.

대부분 사람은 일단 출발합니다. 본문부터 읽기 시작한다는 말입니다. 지금껏 만난 많은 학생이 새 책을 주면 이처럼 본문으로 직진했습니다. 제목도 모른 채 본문을 읽는 학생이 많았습니다. 이런 학생들은 독해뿐 아니라 저자의 의도를 파악하는 데도 어려움을 겪었습니다. 느낀 것이 없으니 독서 감상문도 몇 줄 끼적이다 그쳤습니다. 당연히 생각에도 별다른 변화가 일어나지 않았습니다.

따라서 책을 읽기 전에 책에 대한 정보를 파악하는 준비 읽기가 필요합니다. 준비 읽기만 제대로 해도 읽다가 헤맬 일이 줄어들고, 책이 전달하려는 메시지를 쉽게 찾아낼 수 있습니다. 준비만 제대로 해도 생각하는 힘을 키우는 데 많은 도움이 됩니다.

책을 읽기 전에 미리 살펴야 할 것들

그렇다면 어떤 과정으로 준비 읽기를 할 수 있을까요?

첫째, 책의 제목과 부제를 살펴보세요. 제목은 책 전체 내용을 대변합니다. 저자가 전하려는 핵심 메시지는 제목에 함축되어 있어서 제목만 제대로 분석해도 내용을 어느 정도 예측할 수 있습니다.

그다음은 부제입니다. 부제에는 책 내용을 보완해 주는 성격이 있어서 책의 제목과 부제를 함께 보면 내용을 유추하는 데 도움이 됩니다.

둘째, 표지를 살펴보세요. 표지에는 책의 핵심 메시지가 담겨 있습니다. 표지도 하나의 언어라고 생각하고, 그림과 카피를 꼼꼼히 살펴보세요. 제목과 부제, 표지 디자인을 연결하면 유추하기 쉽습니다. 또한 뒤표지에는 대부분 책의 핵심 메시지가 담겨 있어서 내용을 파악하는 데 많은 도움이 됩니다.

앞 날개에 수록된 저자 이력도 살펴보세요. 책을 쓴 사람이 살아온 과정은 글의 내용을 예측하는 데 많은 도움이 됩니다. 저자의 가치관이나 삶은 그의 문장을 통해 고스란히 전달됩니다. 독서는 저자의 지혜를 내 지혜로 만들어 가는 과정이므로 저자의 삶은 매우 중요합니다.

셋째, 차례(목차)와 서문(머리말, 프롤로그)을 살펴보세요. 차례는 책의 핵심이자 뼈대입니다. 책 내용을 한눈에 파악할 수 있는 지도와 같지요. 차례를 잘 분석하면 저자가 핵심 메시지를 어디에 풀어 놓았는지 파악할 수 있습니다. 제대로 읽을 부분이나 대충 훑고 지나가도 될 부분도 알아챌 수 있습니다.

서문은 책의 예고편과 같습니다. 저자가 어떤 의도와 목적으로 집필했는지, 어떤 방법으로 책을 읽으면 효과적으로 내용을 파악할 수 있는지 서문에 나와 있는 경우가 많습니다. 따라서 저자의 의도를 간파하는 데 많은 도움이 됩니다.

그림책을 읽는다면 차례 다음에 그림만 살펴보는 것도 좋습니다. 그림만 제대로 읽어도 내용 파악이 가능합니다. 그런 다음 글을 읽으면 자신이 예측한 것과 비교하며 읽는 재미가 있습니다. 자신이 상상한 대로 글이 전개되면 더 흡입력 있게 글을 읽을 수 있다는 장점이 있습니다.

책을 읽기 전 준비 읽기는 자신이 탐정이라고 생각하며 진행하는 것이 좋습니다. 사건의 실마리를 찾아낸다고 생각하고 책을 훑어본다면 내용을 미리 유추하고 파악하는 데 많은 도움이 될 것입니다.

준비 읽기의 핵심 질문

책을 읽기 전, 미리 살펴야 할 것에 질문을 던지세요. 이때 중요한 점은 질문에 꼭 답을 적는 것입니다. 한두 문장이라도 적어본다면 책에 대한 정보를 미리 파악할 수 있을 뿐만 아니라 생각하는 힘이 향상될 것입니다. 답을 적었다면 책 속 여행을 즐겁게

할 수 있는 준비가 끝난 것입니다.

- 책의 제목과 부제, 표지를 봤을 때 어떤 내용의 이야기가 펼쳐질까?
- 차례와 서문으로 무엇을 알아낼 수 있을까?
- 이 책은 어떤 분야에 속하며 주제는 무엇일까?
- 저자는 무엇을 알려 주기 위해 이 책을 썼을까?
- 이 책을 읽어야 하는 나만의 이유는 무엇일까?

생각하는 힘을 키우는 십대의 질문법

생각과 삶을 바꾸는 질문 훈련

이 챕터의 내용을 토대로 3단계 질문을 차례대로 만들어 보세요.
질문과 함께 답을 꼭 적어야 합니다.

● **1단계: 사실·이해 질문**

    Q: _____

    A:

● **2단계: 추론·사색 질문**

    Q: _____

    A:

● **3단계: 종합·깨달음·적용 질문**

    Q: _____

    A:

이해할 수 없는 것은 소유할 수 없다

> "많은 지식을 섭렵해도 자신의 것이 아니라면 그 가치는 불분명하고,
> 양적으로는 조금 부족해 보여도
> 자신의 주관적인 이성을 통해 여러 번 고찰한 결과라면
> 매우 소중한 자산이 될 수 있다."
> — 아르투어 쇼펜하우어(독일 철학자)

독서의 첫째 목적은 내용 이해다

책을 읽기 전 준비 단계가 필요한 이유는 독해를 잘하기 위해서입니다. 책을 읽는 일차적 목적은 독해입니다. 책 내용을 이해하고 그 뜻을 파악하는 것이지요.

생각하는 힘은 책 내용을 제대로 파악한 후, 그 내용을 바탕 삼아 사색하며 자신의 것으로 내면화할 때 커집니다. 독해가 생각하는 힘을 키우는 첫 단추인 셈입니다. 독해의 의미를 이해하려면 괴테의 말에 집중할 필요가 있습니다.

종이 시대 가장 생산적인 문인이자 천재 작가로 불리는 괴테는 『잠언과 성찰』에서 "이해할 수 없는 것은 소유할 수 없다."라고

생각하는 힘을 키우는 십대의 질문법

말했습니다. 이해한 것만이 자신의 것이며, 독해가 되지 않으면 자신의 것으로 만들 수 없다는 뜻입니다.

독서는 단순히 눈으로 글자를 따라가는 행위가 아닙니다. 저자가 글을 통해 전달하고자 하는 뜻을 이해해야 비로소 진정한 독서라 할 수 있습니다. 이것이 읽는 것입니다. 읽어야 이해할 수 있고, 이해해야 깨닫고, 깨달아야 생각의 변화가 일어납니다.

독해를 잘하기 위해 필요한 것들

그렇다면 어떻게 해야 독해에 성공할 수 있을까요?

첫째, 어휘와 개념을 익혀야 합니다. 어휘를 제대로 알아야 문장이 전달하는 의미를 이해하고 숨은 뜻도 발견할 수 있습니다. 문장을 이루는 가장 기본적인 단위인 어휘의 뜻을 알지 못하면 문장 너머에 숨은 메시지를 읽어 낼 수 없습니다. 그래서 어휘력을 훈련해야 합니다.

개념도 중요합니다. 개념은 '어떤 사물이나 현상에 대한 일반적인 지식'을 뜻합니다. 특정 분야의 기본값을 개념이라고 하는 것이지요. 개념은 근원을 찾아가는 여정입니다. 개념을 알고 나면 그와 관련된 용어와 정보를 빠르게 이해하고 분석할 수 있습니다. 독해가 쉬워지는 것이지요.

둘째, 문맥을 이해해야 합니다. 독해는 사실 문맥을 이해하는 것입니다. 연결된 문장과 문장이 전달하는 의미를 읽어 내는 것이지요. 좋은 독서법은 책의 흐름을 따라가면서 저자의 의도와 관점을 파악하는 것입니다. 문맥을 이해하려면 어휘와 개념, 배경지식의 도움이 절실합니다. 그래서 Part 2에서 말한 기초를 탄탄히 하는 훈련이 필요합니다.

문단의 중심 내용을 파악하는 것도 중요합니다. 문단은 저자가 전개하는 생각의 꺾임이며 단위입니다. 문단을 분석하면 생각의 흐름과 문맥의 변화를 엿볼 수 있어 독해에 도움이 됩니다.

셋째, 사건이나 정보를 파악해야 합니다. 읽고 있는 책이 소설이 아니라면, 저자가 전달하려는 정보를 한눈에 파악할 수 있어야 합니다. 그러려면 차례를 꼼꼼하게 살펴서 핵심 메시지가 담긴 내용을 요약하는 것도 좋습니다.

요약은 내용의 구조와 핵심을 파악하고 저자의 사고 과정을 추적하는 추론 과정입니다. 요약을 제대로 하면 사건이나 정보를 쉽게 찾아낼 수 있습니다.

넷째, 원인과 결과를 파악해야 합니다. 어떤 이야기든 원인이 있고 그에 따른 결과가 있기 마련입니다. 따라서 책을 읽을 때 글자만 따라가지 말고 원인과 결과에 집중하면서 읽어 보세요. 그러면 독해에 많은 도움이 될 것입니다.

생각하는 힘을 키우는 십대의 질문법

다섯째, 밑줄을 긋고 메모하면서 읽어야 합니다. 핵심 내용에 밑줄을 긋고 내 생각까지 곁들여 적으면 독해가 쉽습니다. 쉽게 잊히지도 않습니다. 밑줄은 독해의 실마리이자 중요한 단서가 됩니다. 그렇기 때문에 책은 직접 구매해서 읽는 것이 좋습니다. 밑줄을 긋고, 메모하고, 때로는 접어 두기도 하기 때문입니다.

이 외에도 자신만의 독해 방법이 있다면 어떤 것이든 활용하세요. 독해에 성공해야 사색하는 힘을 키우고 인생의 지혜도 벼려 낼 수 있습니다.

독해 읽기의 핵심 질문

독해는 질문의 좋은 도구입니다. 다음 질문에 답할 수 있다면 완벽하게 독해했다고 볼 수 있습니다. 새롭게 알게 된 지식과 정보는 성장의 밑거름입니다. 따라서 최대한 자세하게 적는다는 생각으로 접근하세요. 독해 질문에 답할 수 없다면 다시 읽어야 합니다. 이해할 수 없는 것은 소유할 수 없기 때문입니다.

- 이 책은 무엇에 대해 이야기하고 있는가?
- 이 책으로 무엇을 배우고 알게 되었는가?
- 이 책으로 새롭게 알게 된 어휘와 개념은 무엇인가?

• 친구에게 이 책을 추천한다면 어떻게 읽으라고 말해 주고 싶은가?

• 책 내용을 400자 내외로 요약해 보자.

생각하는 힘을 키우는 십대의 질문법

생각과 삶을 바꾸는 질문 훈련

이 챕터의 내용을 토대로 3단계 질문을 차례대로 만들어 보세요.
질문과 함께 답을 꼭 적어야 합니다.

● **1단계: 사실·이해 질문**

Q: _____

A:

● **2단계: 추론·사색 질문**

Q: _____

A:

● **3단계: 종합·깨달음·적용 질문**

Q: _____

A:

단 한 구절만으로도 책은
내 분신이 된다

"책 속에서 우연히 발견한 의미 있는 한 대목,
어쩌면 한 구절만으로도 책은 내 분신이 된다."
- **윌리엄 서머싯 몸**(영국 작가)

기억을 붙잡을 대목 만나기

독해했다면 이제는 내게 의미가 있고 책을 대변하는 핵심 대목을 발췌해야 합니다. 대목은 '이야기나 글 따위의 특정한 부분'을 말합니다. 그 문장, 한 대목만 떠올려도 책이 소환되고 감탄이 재현되도록 하기 위해서입니다.

책을 읽을 당시 생각과 지혜를 불러내는 데는 발췌가 적격입니다. 책을 읽은 후 시간이 날 때마다 발췌 노트를 살피면 당시 읽었던 기억이 새록새록 되살아날 것입니다.

발췌할 때는 저자가 책에서 전달하려고 하는 핵심 내용을 가려 뽑아야 합니다. 그래야 책 내용을 이해하기 쉽습니다. 예를 들어

생각하는 힘을 키우는 십대의 질문법

헤르만 헤세의 『데미안』에서는 "새는 알에서 나오려고 투쟁한다. 알은 세계다. 태어나려는 자는 하나의 세계를 깨뜨려야 한다.", "너 스스로 생각해 내려고 애써야 해. 그러고는 정말로 네 본질로부터 나오는 것, 그걸 하면 돼." 등의 문장을 뽑아낼 수 있습니다. 자신의 정체성을 이해하려는 여정을 담은 『데미안』의 주제를 대변하는 문장이기 때문입니다.

이 문장만으로도 『데미안』은 내 안에서 살아 숨 쉴 것입니다. 이 대목을 확장해 자신의 언어로 재현해 내면 나만의 창조물이 됩니다. 나만의 생각이 만들어지는 것이지요.

책을 많이 읽는 것은 중요합니다. 하지만 책 권수보다 중요한 것은 내 생각을 깨뜨리고 가슴을 파고드는 문장 수입니다. 마음에 꽂힌 문장 때문에 잠 못 들고 고뇌하는 시간 속에서 생각하는 힘이 커집니다.

철학자 니체의 말을 새기며 마음에 담을 문장을 발췌해 보세요.

"그 하룻밤, 그 책 한 권, 그 한 줄로 혁명이 가능할지도 모른다."

발췌해야 하는 진짜 이유

우리의 기억은 한계가 있습니다. 아무리 좋은 책을 읽어도 시간이 지나면 잊어버리기 마련이지요. 하지만 핵심 문장을 마음에 품고 있으면 책 한 권이 그 문장과 함께 내 안에서 숨 쉴 것입니다.

또한 글을 쓰려는 사람에게 발췌는 정말 중요합니다. 발췌해 놓은 문장은 자신의 글을 쓸 때 활용도가 매우 높습니다. 자신의 주장과 어울리는 발췌문을 인용하면 그 글의 권위가 내 글로 옮겨옵니다. 때로는 윤색해서 자신의 창작물로 활용도 가능합니다.

이렇게 발췌한 것으로 수많은 책을 쓴 사람이 있습니다. 바로 실학자 정약용입니다. 그는 강진에 유배 가서 18년 동안 500여 권을 저술했습니다. 짧은 기간에 많은 책을 쓸 수 있었던 비결은 바로 발췌였습니다. 정약용은 아들에게 발췌의 중요성을 이렇게 전했습니다.

"한 권의 책을 읽어도 내 공부에 보탬이 될 만한 것은 옮겨 적고, 그렇지 않은 것은 쳐다보지도 말아야 한다. 이렇게 하면 백 권의 책도 열흘이면 모두 읽을 수 있다." ●

정약용은 중요한 내용을 따로 적어 두고 그것을 중점적으로 읽

● 정민, 『정민 선생님이 들려주는 고전 독서법』, 보림, 2012.

생각하는 힘을 키우는 십대의 질문법

으로라고 조언했습니다. 그러면 그 내용이 확장되어 책 한 권을 빠르게 읽어 낼 수 있다는 것이지요.

정약용은 책을 읽으면서 보탬이 될 만한 것은 옮겨 적었습니다. 그렇게 쌓아 놓은 것을 분류하고 필요에 따라 재배열했습니다. 백성에게 필요한 주제를 따로 뽑아내 유용한 자료로 바꿨습니다.

인공지능 시대에도 지식을 생산하는 구조는 정약용이 책을 쓴 방식과 동일합니다. Part 2에서 이야기한 트리비움과 연결하면 이해하기 쉬울 것입니다.

가슴을 울리는 문장을 종이에 옮겨 적지 않고 마음에 새긴 사람도 있습니다. 철저하게 암송해서 잊지 않은 것이지요. 고대 로마의 사상가 아우구스티누스의 말로 이해해 볼까요?

"책을 읽다가 자네의 영혼을 뒤흔들거나 유쾌하게 만드는 경이로운 문장을 마주칠 때마다 자네의 지적 능력만을 믿지 말고 억지로라도 그것을 외우도록 노력해 보게나. 그리고 그것에 대해 깊이 명상해 친숙한 것으로 만들어 보라고. 그러면 어쩌다 고통스러운 일이 닥치더라도 자네는 고통을 치유할 문장이 마음속에 새겨진 것처럼 언제든지 준비되어 있음을 깨닫게 될 걸세. 자네에게 유익할 것 같은 어떤 문장이든

접하게 되면 분명히 표시해 두게. 그렇지 않을 경우에는 멀리 달아나고 말 걸세."●

아우구스티누스의 말을 살피면 유대인의 우수성이 어디에서 비롯되었는지 이해할 수 있습니다. 앞에서 언급한 것처럼 유대인은 『토라』를 철저히 암송해 마음에 새겼습니다. 그들은 나라를 빼앗기고 세계를 떠돌아다녔지만, 다시 나라를 되찾을 수 있었던 이유는 마음에 새겨 둔 진리를 삶의 지표로 삼았기 때문입니다. 암송이 지닌 힘이지요.

책을 읽다가 핵심 구절을 발췌하고 발췌 노트에 적어 두세요. 출처와 페이지까지 적으면 유용하게 활용할 수 있을 것입니다. 또한 인생의 지표로 삼을 만한 구절은 마음에 새기고 암송하세요. 그 구절이 지친 나를 위로하고, 더 나은 미래로 이끌어 줄 테니까요. 내 삶의 중심을 잡아 줄 문장 하나를 마음에 품고 사는 사람과 그렇지 않은 사람의 삶은 천지 차이입니다.

● 알베르토 망겔, 『독서의 역사』, 세종서적, 2020.

생각하는 힘을 키우는 십대의 질문법

발췌 읽기의 핵심 질문

발췌한 구절에 던질 질문은 다음과 같습니다. 질문의 답을 적다 보면 그 구절은 내 것으로 재해석되고 내면화됩니다. 저자의 생각과 메시지가 아니라 나만의 해석으로 재구성되는 것이지요. 그렇게 버려 낸 지혜와 깨달음은 그 누구의 것도 아닌 진짜 내 것입니다. 깨달아야 삶의 변화를 이룰 수 있습니다.

- 이 구절을 발췌한 이유는 무엇인가?
- 저자는 이 구절을 통해 어떤 메시지를 전달하려고 했을까?
- 이 구절을 통해 새롭게 알게 된 지식이나 깨달음은 무엇인가? 또 이 구절은 나에게 어떤 의미가 있을까?
- 이 구절을 활용해 확장해야 할 생각이나 지혜는 무엇일까?
- 이 구절에 나만의 생각을 더해 재해석한다면 어떻게 표현할 수 있을까?

생각과 삶을 바꾸는 질문 훈련

이 챕터의 내용을 토대로 3단계 질문을 차례대로 만들어 보세요.
질문과 함께 답을 꼭 적어야 합니다.

- **1단계: 사실·이해 질문**

    Q: _____

    A:

- **2단계: 추론·사색 질문**

    Q: _____

    A:

- **3단계: 종합·깨달음·적용 질문**

    Q: _____

    A:

생각하는 힘을 키우는 십대의 질문법

내 생각을 만드는 핵심 기술

"다섯 수레의 책을 술술 암송하면서도
그 의미는 전혀 모르는 사람이 있다.
왜 그런 일이 발생하는가? 사색하지 않기 때문이다."
- 유성룡(조선 학자)

사색으로 얻은 것이 진짜 내 것이다

독해로 이해한 것은 아직 내 것이 아닙니다. 마음에 울림을 주는 문장을 발췌해 두었다 해도 곧 내 것이 되지는 않습니다. 내 것이 되려면 사색 단계를 거쳐야 합니다. 그래야 자기만의 근사한 생각이 생깁니다.

사색은 저자의 것을 내 것으로 만드는 숙성 과정입니다. 저자의 생각을 녹이고, 버리고, 융합해 나만의 생각으로 재창조하는 것입니다. 사색 없는 독서는 음식을 먹은 대로 소화하지 못하고 배설하는 행위와 같습니다.

철학자 쇼펜하우어는 사색의 의미에 대해 이렇게 말했습니다.

"알기 위해서는 물론 배워야 한다. 그러나 안다는 것과 여러 조건을 통해 스스로 깨달은 것은 엄연히 다르다. 앎은 깨닫기 위한 조건에 불과하다. 그런 의미에서 독서와 학습은 객관적인 앎이다. 그리고 독서와 학습을 바탕으로 이루어지는 사색은 주관적인 깨달음이다. 누구나 책을 읽을 수 있고, 누구나 공부할 수 있지만, 누구나 이를 통해 사색할 수 있는 것은 아니다."●

사색은 자신만의 방법으로 생각하며 깨닫는 과정입니다. 누군가 이끌어 주는 대로 가는 것이 아니라, 느리고 힘들지라도 스스로 생각하며 가는 것입니다.

작가 톨스토이의 "기억에 의해서가 아니라 사색에 의해서 얻은 것만이 참된 지식이다."라는 말처럼 사색에 의해 얻은 것이 내 생각이며, 그 생각이 나만의 삶을 살아가게 합니다. 한 치 앞도 알 수 없어 두려움이 가득한 세상에서 흔들리지 않고 나아갈 수 있는 비결이 사색에 있습니다.

● 아르투어 쇼펜하우어, 『쇼펜하우어 문장론』, 지훈, 2005.

생각하는 힘을 키우는 십대의 질문법

사색을 잘하기 위해 필요한 것들

그렇다면 어떻게 해야 사색으로 생각의 변화를 끌어낼 수 있을까요?

첫째, 숙고하는 시간을 보내야 합니다. 사색하려면 곰곰이 그리고 깊이 생각하는 시간이 필요합니다. '그럴 것이다.'라며 두루뭉술하게 생각하는 것이 아니라 '이게 무슨 뜻일까?', '왜 이런 이야기를 했을까?', '이 구절이 지닌 의미는 무엇일까?'처럼 깊이를 추구하는 시간을 보내는 것입니다.

사색은 끊임없이 저자의 의도를 분석하며 질문하고 대답해 보는 과정입니다. 스스로 깨달음을 얻을 때까지 말이지요. 이러한 의미는 의사인데도 독서가로 더 유명한 박경철의 말로 이해할 수 있습니다.

"완독, 다독보다 중요한 것은 독서 후의 사유다. 한 권의 책을 읽으면 그 책을 읽는 데 투자한 시간 이상 책에 대해 생각하는 것이 중요하다. 독서는 지식을 체화하고 사유의 폭을 넓히는 수단이다. 성찰의 실마리를 던져 주지 못한 책은 시간을 파먹는 좀벌레에 불과하다." ●

● 박경철, 『시골의사 박경철의 자기혁명』, 리더스북, 2011.

사색하려면 혼자만의 시간이 필요합니다. 스마트폰을 내려놓고 조용한 곳에서 깊이 생각할 수 있어야 합니다. 분주하고 복잡한 상황에서는 깊은 생각을 끌어낼 수 없습니다. 따라서 혼자 책 내용을 깊이 생각할 수 있는 공간과 시간을 마련하세요. 숙고하는 시간 속에서 새로운 깨달음과 지혜를 발견할 수 있습니다.

둘째, 비판적으로 생각해야 합니다. 대부분 독자는 저자에 대한 존경심이 있습니다. 책을 쓴 사람은 전문가라고 생각해 책 내용을 있는 그대로 수용하려고 합니다. 비틀어 보거나 따져 보려는 생각을 하지 않습니다. '이 저자가 한 말은 모두 맞을 거야'라고 전제하면 일방적으로 수용하는 데 초점이 맞춰집니다. 그러면 비판적 사고가 생기지 않습니다.

비판적 사고는 의문을 던지고 의심해 보는 것에서 시작합니다. 의문과 의심을 해결하려면 질문이 필요합니다. 저자가 쓴 글에 의문과 의심을 품고 질문을 던지며 검증해 보는 것입니다. 대단한 논리와 오류를 찾아내는 것이 아니라 다양한 질문을 던지며 내용을 정리하고 깊이 따져 보는 것입니다.

셋째, 토론할 수준이 될 정도로 깊이 있는 생각을 해야 합니다. 토론을 잘하려면 자신의 주장뿐 아니라 상대 논리까지 제대로 파

생각하는 힘을 키우는 십대의 질문법

악해야 합니다. 상대 의견을 수용하고 반론할 수 있는 체계적인 논리가 필요하지요.

유대인이 지혜로운 것도 토론의 영향이 큽니다. 그들은 부모와 자식, 스승과 제자 간에도 질문하고 대화하고 논쟁합니다. 타당한 결론이 날 때까지 끊임없이 토론합니다. 그것이 세계를 주름잡는 비결이라는 것을 기억하고, 토론할 수 있을 정도까지 자신의 논리 체계를 만들어 보세요. 그러면 깊이 생각하는 능력이 향상될 것입니다.

이 외에도 사색 방법은 다양합니다. 자신만의 방법을 총동원해 깨달음과 지혜를 얻어 보세요.

사색 읽기의 핵심 질문

일본에는 '코이'라는 관상어가 있습니다. 이 물고기는 자라는 환경에 따라 크기가 다릅니다. 어항에 넣어 두면 5~8cm, 연못에 넣어 두면 15~25cm, 강물에 방류하면 90~120cm까지 자란다고 합니다.

이처럼 내 생각도 사색 능력에 따라 달라집니다. 사색의 깊이만큼 생각의 깊이가 생성됩니다. 그러므로 필사적으로 사색하세요. 생각하는 깊이와 높이와 넓이를 더해 힘을 기르세요. 생각하는 수준이 삶의 수준을 결정할 테니까요.

사색도 질문을 활용하면 좋습니다. 다음 질문에 깊이 생각하며 답을 적어 보세요. 그러면 나만의 생각을 얻을 수 있을 것입니다.

- 저자의 생각에 동의하는 점과 동의하기 힘든 점은 무엇일까?
- 다른 책에서는 이 주제에 대해 어떻게 이야기하고 있을까?
- 이 책의 메시지로 토론 주제를 선정한다면 무엇이 좋을까?
- 이 책을 비판한다면 무엇을 비판하면 좋을까? 그 이유는 무엇일까?
- 이 책 내용을 사색하며 얻을 수 있는 깨달음이나 지혜는 무엇일까?

생각과 삶을 바꾸는 질문 훈련

이 챕터의 내용을 토대로 3단계 질문을 차례대로 만들어 보세요.
질문과 함께 답을 꼭 적어야 합니다.

● **1단계: 사실·이해 질문**

    Q: _____

    A:

● **2단계: 추론·사색 질문**

    Q: _____

    A:

● **3단계: 종합·깨달음·적용 질문**

    Q: _____

    A:

실행한 것만이 진짜 내 것이다

"아는 것만으로는 충분하지 않다. 적용해야만 한다.
하려는 의지만으로는 충분하지 않다. 실행해야만 한다."
- 요한 볼프강 폰 괴테(독일 작가)

써먹고 활용할 때 변화가 시작된다

책을 읽는 이유는 생각하는 능력을 키워 삶의 변화를 추구하기 위해서입니다. '어떤 생각으로 책을 읽어야 삶을 효과적으로 변화시킬 수 있을까?' 이 물음의 답을 찾기 위해 단계를 밟아 왔습니다. 준비 읽기, 독해 읽기, 발췌 읽기, 사색 읽기를 하면서 질문으로 깊이를 더하도록 했습니다. 생각하는 힘을 바탕으로 지혜와 깨달음을 얻기 위해서였습니다. 그래야 무엇을 추구하며 살아야 할지 답을 찾을 수 있기 때문입니다. 오늘 내 삶에 무엇을 적용하고 실천해야 할지 깨닫기 위해서는 질문이 필요합니다.

생각하는 힘을 키우는 십대의 질문법

실학자 홍대용은 독서의 의미를 『담헌서』에서 이렇게 설명합니다.

> "책 한 권을 읽고 나면 곧바로 내가 할 일은 다 끝냈다고 하면서 함부로 날뛰며 망령된 행동을 제멋대로 한다. 이것은 독서를 마친 후 그 내용을 실천해야 하는 큰일을 알지 못해 나오는 행동이다." ●

문장가 홍길주는 독서의 의미를 『수여난필』을 통해 이렇게 전합니다.

> "밥을 먹고 난 다음, 그 효과는 얼굴빛이 빛나고 피부에 윤기가 흐르는 것으로 알 수 있다. 그러나 환한 얼굴빛과 윤기 나는 피부에 어떻게 밥알의 형상이 있다고 할 수 있겠는가? 독서로 얻는 효과는 일을 실행에 옮길 때 비로소 드러난다. 글이나 문장 또한 이와 마찬가지다. (…) 만약 잘 모방한 글이나 문장을 두고 제대로 독서한 효과라고 주장한다면, 밥알이 변한 대변이나 혹은 소화도 되지 않고 곧장 내려간 밥알을 두고

● 한정주·엄윤숙, 『조선 지식인의 독서 노트』, 포럼, 2008.

잘 먹은 결과나 보람이라고 말할 수 있겠는가?" ●

책을 읽었다면 그것을 어떤 형태로든 실행에 옮겨 결과물로 나타내야 합니다. 밥을 먹으면 그것이 소화되어 얼굴빛이 빛나고 피부에 윤기가 흐르는 것처럼 말이지요. 그래서 적용이 중요합니다. 적용해서 실천하지 않는 독서는 변비나 설사에 걸린 것과 다르지 않습니다.

독서 후에 실행하면 좋은 것들

그렇다면 어떤 방식으로 적용해서 실천하면 좋을까요?

첫째, 글을 쓰세요. 독서 감상문이든 서평이든 책을 읽고 나서 느낀 점을 바탕 삼아 쓰면 좋습니다. 글을 쓰면 자신이 알고 있는 것과 모르는 것, 이해한 것과 이해하지 못한 것, 깨달은 것과 깨닫지 못한 것을 알 수 있습니다.

아무리 머릿속에 멋진 아이디어나 깨달음이 있어도 표현하는 능력이 없으면 무용지물입니다. 예를 들어 로봇을 연구해도 그 로봇이 얼마나 중요한지 글로 설명하지 못하면 가치를 인정받기 힘듭니다. 그래서 글로 자기 생각을 표현하는 능력을 길러야 합니다.

● 한정주·엄윤숙, 『조선 지식인의 독서 노트』 포럼, 2008.

생각하는 힘을 키우는 십대의 질문법

둘째, 하나라도 실행하세요. 책을 읽고 삶에 적용해 볼 만한 것은 단 하나라도 실행해야 합니다. 적용하고 실행해야 내 것이 되고 삶이 변합니다.

수영이 필요하고 중요하다는 것을 알았으면 물속에 들어가 직접 수영해 봐야 합니다. 지식과 이론, 생각만으로는 절대 수영 능력을 키울 수 없습니다. 수영과 관련된 앎과 실행이 어우러질 때 실력이 늘어납니다. 실행하지 않는 것은 제대로 알지 못했다는 뜻이며, 깨달은 것이 없다는 증거입니다.

셋째, 습관이 되도록 실행하세요. 실행 단계는 두 가지로 구분할 수 있습니다.

첫 번째는 한두 번 실행한 후 그만두는 것입니다. 이는 '이런 의미구나.' 하고 맛만 본 것입니다. 수박 겉핥기지요. 실행을 안 하는 것보다는 낫지만 진정한 의미의 실행은 아닙니다.

두 번째는 습관이 되도록 실행하는 것입니다. 삶의 변화는 습관화했을 때 일어납니다. 따라서 삶을 바꾸는 데 꼭 필요한 지식이나 덕목은 습관이 되도록 실행을 멈추지 말아야 합니다. 습관만이 게으르고, 잘 잊고, 안주하려는 인간을 변화시킬 수 있습니다.

넷째, 지금 읽은 책과 연계해서 다른 책을 읽으세요. 책 한 권을 읽으면서 던진 질문과 답으로도 지혜와 깨달음을 충분히 얻을 수 있습니다. 그것을 실천하면 삶의 변화가 일어나고요. 하지만 더 효과적인 것은 비슷한 장르의 책을 다양하게 읽어 보는 것입니다.

한 분야의 책을 다양하게 읽으면 전문가의 식견을 얻을 수 있습니다. 비슷한 책을 읽다 보면 비판적인 능력과 다양한 관점에서 지식을 풀어내는 능력을 키울 수 있습니다.

이 외에도 삶에 적용할 만한 방법을 찾아서 실천하세요. 실행 없는 독서는 배출 없이 먹기만 하는 사람과 같습니다. 이런 사람의 미래는 병원행일 뿐입니다.

적용 읽기의 핵심 질문

내 삶의 문제를 해결하고 더 나은 삶으로 나아가려면 적용하고 실행해야 합니다. 무엇을 실행해야 하는지는 읽고, 독해하고, 발췌하고, 사색하는 과정에서 찾을 수 있습니다.

각 단계에 필요한 질문을 던지고 답을 구하면서 내게 꼭 필요한 것을 찾아보세요. 그렇게 찾은 것을 실천해야 그 누구도 흉내 낼 수 없는 유일한 내 삶을 살 수 있습니다. 인생의 변화는 그렇게 시작됩니다. 창조적인 삶도 다르지 않습니다.

생각하는 힘을 키우는 십대의 질문법

- 책 내용 중 내 삶 속에서 습관으로 만들기 위해 실천해 보고 싶은 것은 무엇일까?
- 이 책의 메시지 중에서 내 삶에 적용하고 실천해야 할 단 하나는 무엇일까? 그것을 실천할 방법은 무엇일까?
- 이 책을 읽고 마음에 결단이 선 것이 있다면 무엇일까? 그 이유는 무엇일까?
- 이 책으로 깊어진 생각과 깨달음을 어떻게 내 삶 속에서 펼쳐 내면 좋을까?
- 이 책을 토대로 A4 용지 한 장 분량의 글을 써 볼까?

생각과 삶을 바꾸는 질문 훈련

이 챕터의 내용을 토대로 3단계 질문을 차례대로 만들어 보세요.
질문과 함께 답을 꼭 적어야 합니다.

● **1단계: 사실·이해 질문**

    Q: _____

    A:

● **2단계: 추론·사색 질문**

    Q: _____

    A:

● **3단계: 종합·깨달음·적용 질문**

    Q: _____

    A:

생각하는 힘을 키우는 십대의 질문법

Part 6

십대에 꼭 던져야 하는
인생 질문

나는 어떤 사람일까

"나는 무언가를 철저하게 이해하고 싶을 때마다 질문을 한다.
다른 사람이 아니라 나 자신에게."

- 윌리엄 제임스(미국 철학자)

청소년기를 보내면서 던져야 할 질문은 무수히 많습니다. 그 중에서 반드시 던져야 할 질문은 '나는 어떤 사람일까?'입니다.

'나는 누구일까?'라는 질문을 자신에게 던지고 답을 찾아야 합니다. 자신이 어떤 사람인지 모르면 삶의 방향을 정할 수 없고, 어떻게 살아가야 할지 답도 찾을 수 없습니다. 진로를 설정하거나 인생의 목적을 발견하는 시작점은 '나는 어떤 사람일까?'라는 질문의 답을 찾는 것입니다.

심리학자 에릭 에릭슨은 정체성을 "그저 그렇게 생각한다거나 때로는 그렇게 느끼는 것이 아니라, 자기의 밑바탕에서 항상 무엇을 하든 그것이 아니면 인생의 모든 것을 볼 수 없을 정도로 개인에게 강한 영향력을 미치는 것이다."라고 표현했습니다.

정체성이란 망망대해 같은 인생의 바다에서 어디로 가야 할지 인도하는 등대입니다. 존재의 본질을 깨닫는 성질이며, 자신이 어떤 사람인지 아는 것이기도 하지요.

정체성은 한 번 찾은 답으로 평생 살아가기 힘듭니다. 끊임없는 현재 진행형이라 십대에 찾은 답이 영원하지 않다는 뜻입니다. 인생의 갈림길마다, 다시 시작할 때마다 새로운 답이 나오고 의외의 답을 발견하기도 합니다. 보고 듣고 읽고 경험하면서 수용한 것을 축적하며 새로운 내가 탄생하면 정체성도 변합니다.

우리는 그렇게 찾은 답으로 오늘을 삽니다. 내가 누구인지에 대한 답으로 인생의 방향을 설정하고 선택하며 나아갑니다. 사상가 찰스 핸디는 그 의미를 이렇게 밝혔습니다.

"지금 생각해 보면 삶이란 자신의 정체성을 찾는 과정에 다름 아니라는 생각이 든다. 자신이 진정 어떤 사람인지, 진정 어떤 일에 재능이 있는지 끝내 모른 채 죽는다면 참으로 서글픈 일이다. 삶이란 정체성이라는 사다리를 오르는 과정이고, 우리는 사다리를 오르면서 서서히 자신의 정체성을 증명하고

발견해 간다."●

자신이 어떤 사람인지 알아야 의미 있는 인생을 살 수 있습니다. 하지만 '나는 누구일까?'라는 질문의 답을 찾는 것은 쉽지 않습니다. 답을 찾더라도 그것이 진짜 나인지 확신하기도 힘듭니다. 그래도 끊임없이 질문하면서 자신을 파악하기 위해 노력해야 합니다. 정체성을 아는 것이 진짜 나로 사는 원동력이기 때문입니다.

아우구스티누스는 45세 때 자기 삶을 돌아보며 진실한 고백을 담아 『고백록』을 썼습니다. 그는 철학적 성찰을 통해 얻은 깨달음으로 자신을 아는 것의 중요성을 강조했지요.

아우구스티누스의 "사람들은 높은 산과, 바다의 거센 파도와, 넓게 흐르는 강과 별을 보며 놀란다. 그러나 정작 스스로에 대해서는 깊이 생각하지 않는다."라는 말이 마음에 와닿는 이유는 현대인의 모습이 비춰서입니다. 외부 변화에는 민감하게 반응하면서 자기 내면은 깊이 생각하지 않는 삶의 태도가 엿보입니다.

십대의 모습도 다르지 않습니다. 좋아하는 가수나 유튜브 영

● 찰스 핸디, 『찰스 핸디의 포트폴리오 인생』, 에이지21, 2008.

생각하는 힘을 키우는 십대의 질문법

상 등에는 시간과 관심을 쏟지만, 정작 자신을 아는 것은 소홀히 여깁니다.

작가 최인호는 삶에서 가장 중요하게 여겨야 할 것이 무엇인지 다음과 같이 이야기했습니다.

> "삶은 '나는 누구인가.'라는 질문과 '이게 나다.'라는 대답이 연속적으로 이어지는 과정이다. 그러므로 삶은 '나는 누구인가.'를 알 수 있는 기회다." ●

인생의 의미를 찾고 내 삶을 살아가려면 자신부터 알아야 합니다. 자신이 어떤 사람인지 모르면 타인의 삶을 자신의 것으로 착각하며 살 수 있습니다. 누군가가 이야기해 준 삶을 자신의 삶인 양 착각하며 살 수도 있습니다.

그런 삶은 언젠가는 후회하기 마련입니다. '내가 살아온 삶이 고작 이런 것이었나?'라며 탄식할 수 있습니다. 따라서 '나는 누구일까?'라는 질문의 답을 꼭 찾아보세요. 그대로 우리 삶이 흘러가는 것이니까요.

● 최인호, 『나는 누구인가』, 지식공감, 2016.

생각과 삶을 바꾸는 질문 훈련

이 챕터의 내용을 토대로 3단계 질문을 차례대로 만들어 보세요.
질문과 함께 답을 꼭 적어야 합니다.

● **1단계: 사실·이해 질문**

   Q: _____

   A:

● **2단계: 추론·사색 질문**

   Q: _____

   A:

● **3단계: 종합·깨달음·적용 질문**

   Q: _____

   A:

　　　　　　　　　　生각하는 힘을 키우는 십대의 질문법

나다운 삶이란 무엇일까

"자신을 원하라. 그러면 너 자신이 될 것이다."
- **프리드리히 니체**(독일 철학자)

　삶의 기쁨, 인생의 의미와 행복은 '나다움' 속에서 나옵니다. 나답게 살아갈 때 의미 있다고 느끼고, 오늘을 즐겁게 살아갈 수 있습니다.

　여러분도 자신이 하고 싶은 일을 할 때 행복하다고 느끼지 않나요? 누군가 시켜서 한 일은 즐거움도 행복감도 느끼기 어렵습니다. 그래서 '나는 누구일까?'라는 질문을 던지고 답을 찾아야 합니다. 나다운 삶을 살기 위해서입니다.

　나다움은 건강과도 직결됩니다. 미국 사이먼튼 암 센터 로비에 걸려 있는 다음 글을 보면 이해할 수 있습니다.

"자기 자신이 아닌 누군가가 되고자 하는 것이 암을 생기게
한 궁극적인 원인이라 한다면, 우리가 있는 그대로 자신의 모
습에 다가가는 것이야말로 암 치유의 본질이라 할 수 있다."

나답게 살아가는 것은 어느 시기, 어느 시대를 살든 화두였습
니다. 철학자 세네카의 말부터 살펴봅시다.

"분주한 자들은 하나같이 처지가 딱하지만, 그중에서도 자기
일에 분주한 것이 아니라 남의 잠에 맞춰 자기 잠을 조절하
고, 남의 걸음에 보조를 맞추고, 사랑과 증오에서 남의 지시
를 받는 자의 처지가 가장 딱하다. 인생에서 자신의 것이 얼
마나 적은지 생각해 보라."

사상가 몽테뉴는 다른 사람의 판단에 매이지 말라고 조언합니다.

"그대가 비굴한지 잔인한지 신실한지 아는 것은 그대뿐이다.
다른 사람들은 그대를 보지 못한다. 그들은 불확실한 추측으
로 그대를 짐작한다. 그들은 그대의 기교를 보는 만큼 그대의
본성을 보지 못한다. 그들의 판결에 매이지 마라. 그대 자신
의 판결에 매여라."

삶의 시선이 외부로 향해 있으면 나다움을 발견하기 힘듭니다. 자신과 만나는 시간이 많고 농밀할수록 나다움에 더 많은 힌트를 제공받을 수 있습니다. 원래의 내가 누구인지, 하고 싶은 것이 무엇인지는 나와 만나는 시간이 많아야 알 수 있습니다.

그런데 요즘 청소년은 너무 바빠서 자신과 깊이 만나는 시간이 부족합니다. 성적을 올리기 위해 학교와 학원을 오가고, 시간이 나면 스마트폰에 빠져 있기 일쑤입니다. 그러다 보니 자기 내면을 직시할 시간이 없습니다. 자신을 깊이 들여다보는 시간을 확보해야 내가 누구인지, 나다운 삶을 살아갈 방향이 어디인지 알아낼 수 있습니다.

나다움을 발견하려면 용기도 필요합니다. 자기 내면을 직시하는 용기, 자기 욕망을 드러낼 용기, 내세울 만한 것이 없는 초라한 나일지라도 온전히 이해하고 사랑하려는 용기가 있어야 합니다. 내 삶을 지배하고 조종하는 감정의 근원을 파헤치려는 용기도 필요합니다. 용기를 지니고 들여다보고 꺼내 놓아야 마음의 소리를 들을 수 있으니까요.

자신을 제대로 알려면 부분이 아닌 전체를 봐야 효과적입니다. 지금까지 삶의 단면이 아니라 서사(敍事) 속에서 자신을 찾아야 합니다. 서사 속에 숨은 삶의 데이터를 모아 연결할 때 자신이 추구하는 것이 보입니다. 철학자 크리슈나무르티의 말을 들어 볼까요?

> "무지한 사람은 배우지 못한 사람이 아니라, 자기 자신을 모
> 르는 사람입니다. 배운 사람이라 할지라도 책이나 지식에 매
> 달리거나 권위자가 이해시켜 주리라고 믿고 의지한다면 어리
> 석은 사람이 되고 맙니다. 이해는 자신의 심리적 과정 전체를
> 알아차리는 것, 즉 자신에 대한 지식을 통해서 옵니다. 따라서
> 진정한 의미의 교육은 자기 자신을 이해하는 것입니다." ●

책과 권위자(부모님이나 선생님)는 자신을 알아차릴 수 있는 힌트 정도를 줄 수 있습니다. 힌트가 많으면 자신을 이해하는 데 도움이 되므로 부모님에게 자세히 물어서 어린 시절 삶의 퍼즐을 그러모아야 합니다. 퍼즐이 많을수록 심리적 과정 전체를 살필 수 있습니다.

심리적 과정 전체는 지금까지 자신의 감정을 이해하는 것입니다. 자신이 느끼는 기쁨, 슬픔, 분노 등이 왜 생기는지 알아차리는 것입니다. 그래야 감정을 조절하고 다스리며 어떻게 표현해야 하는지 알게 됩니다. 생각의 근원, 즉 자신이 중요하게 생

● 지두 크리슈나무르티, 『크리슈나무르티, 교육을 말하다』, 한국NVC센터, 2016.

생각하는 힘을 키우는 십대의 질문법

각하는 것과 가치를 두는 것도 이해하게 됩니다.

또한 습관과 행동 패턴도 알아차릴 수 있습니다. 내가 왜 이런 행동을 하는지 이유를 알게 되는 것이지요. 이런 과정을 통해 자신을 깊이 이해할 수 있습니다.

나다움에 대한 답은 현재 진행형이며 혼자 풀어야 하는 인생 과제입니다. 모호하지만 포기하거나 외면할 수 없습니다. '나다운 삶이란 무엇일까?'라는 질문에 대한 답이 있어야 진짜 나로 살아 갈 수 있으니까요. 그러므로 답이 보일 때까지 스스로에게 물어 보세요.

생각과 삶을 바꾸는 질문 훈련

이 챕터의 내용을 토대로 3단계 질문을 차례대로 만들어 보세요.
질문과 함께 답을 꼭 적어야 합니다.

● **1단계: 사실·이해 질문**

    Q: _____

    A:

● **2단계: 추론·사색 질문**

    Q: _____

    A:

● **3단계: 종합·깨달음·적용 질문**

    Q: _____

    A:

생각하는 힘을 키우는 십대의 질문법

나를 어떻게 평가할까

"세월을 거듭함에 따라 미지의 것을 많이 경험하겠지만,
항상 있는 그대로의 모습으로 살며,
자기 자신을 잃지 않도록 노력하라."
- 요한 볼프강 폰 괴테(독일 작가)

자신을 알고 나다움을 찾는 여정은 청소년기에 시작해 삶이 다할 때까지 지속됩니다. 품격 있는 삶, 매일 기쁨을 누리는 삶을 바라면 더욱 간절하게 답을 찾지요.

하지만 간절하게 원해도 자신을 찾지 못하도록 방해하는 요소가 삶의 곳곳에 지뢰처럼 포진해 있습니다. 가정 환경, 외모, 관계, 성적 등이 나를 괴롭힙니다. 하지만 자존감처럼 강력하지는 않습니다. 자존감은 진정한 나로 살지 못하도록 막대한 영향을 줍니다.

자존감은 자기 자신을 평가하고 받아들이는 정도를 나타내는 개념입니다. 자신을 긍정적으로 생각하며 높게 평가하는지, 자신

을 부정하는 감정이 깊어 낮게 평가하는지에 대한 것이지요.

자존감이 높은 사람은 자신만의 삶을 살아갑니다. 실패해도 다시 일어서서 도전합니다. 친구를 챙기며 함께하기를 바랍니다.

하지만 자존감이 낮으면 자기 삶을 살아가지 못합니다. 문제가 생기면 원인을 내부가 아니라 외부에서 찾고 남 탓을 쉽게 합니다. 실패하면 다시 일어서기를 주저하고, 관계 맺기를 힘들어합니다. 이처럼 자존감은 내 삶에 강력한 영향을 끼칩니다.

자존감을 높이려면 자신을 인정하고 사랑하는 것부터 시작해야 합니다. 정신 의학자 에릭 번은 "자존감은 자기 자신을 인정하고 존중하는 것에서 비롯되며, 이는 건강한 심리적 성장의 핵심입니다."라고 말했습니다. 상처받은 모습이 보일지라도 자신을 있는 그대로 받아들이는 과정이 필요합니다. 그래야 심리적으로 성장하고 건강한 자존감을 형성할 수 있습니다.

자신을 있는 그대로 인정하지 못하게 하는 것 중 하나가 내면의 상처입니다. 다양한 경험에서 비롯된 내면의 상처는 자아에 영향을 끼칩니다. 부모의 양육 태도, 학창 시절의 친구 관계, 다양한 신체 발달 등이 상호 작용하며 내면의 상처를 형성합니다. 내면의 상처가 깊으면 부정적인 자기 이미지가 형성되어 자존감을 훼손합니다.

자아실현에도 어려움을 느낍니다. 자신을 믿고 대처할 수 있는 능력이 떨어져 자주 넘어지고 좌절합니다. 이러한 경험은 자기 비난과 자책으로 이어져 결국 자신을 못마땅하게 여깁니다.

내면의 상처는 드러내야 해결됩니다. 심리학자 프로이트는 "표현하지 않는 감정은 절대 죽지 않는다. 산 채로 묻혀서 나중에 더 추악한 모습으로 등장한다."라고 말했습니다. 묻어 두고 감춘다고 없어지지 않는다는 것입니다. 어떤 형식으로든 끄집어내고 직면해야 해결의 실마리를 발견할 수 있습니다. 따라서 글이든 말이든 끄집어내고 직면하세요. 그래야 상처에서 벗어나는 자신을 발견할 수 있을 테니까요.

상처받은 과거도, 그 상처로 힘들어하는 현재도 모두 나입니다. 상처받고 힘들어하는 고통도, 상처를 안겨 준 사람에 대한 미움도, 상처에서 벗어나지 못하는 자신을 바라보는 분노도 다 내 것입니다. 그런 자신을 인정하고 받아들이세요.

마음에 드는 면이 없어도, 미운 구석이 많아도 나는 나입니다. 내가 나를 인정하지 못하면 누가 나를 인정해 줄까요? 오늘의 나를 사랑하고 존중해 주세요. 스스로를 다독이고 그래도 괜찮다고 이야기해 주세요. 그럴 때 자존감은 조금씩 회복될 것입니다.

그 의미를 작가 생텍쥐페리는 "누구든지 자기 스스로 자기를 인정하기만 한다면 그는 이미 충분히 가치 있는 존재다."라고 전했습니다.

　자존감이 낮은 사람은 망망대해를 표류하는 것처럼 막막한 삶을 살 수 있습니다. 자신을 존중하지 않는 사람은 다른 사람을 동경하고 따라 하는 것이 자신이라고 믿으며 살게 됩니다.

　남의 시선을 의식한 삶 속에서 핀 꽃은 곧바로 시들기 마련입니다. 어느 순간 자신이 누구이며 어디 있는지 알지 못하고 허무감을 견디지 못하는 지경에 이를 수 있기 때문입니다.

　오늘 그럴듯한 결과가 없어도 자신을 있는 그대로 받아들이며 준비한다면, 이슬을 머금고 있는 꽃봉오리처럼 머지않아 인생의 꽃을 활짝 피울 수 있습니다.

　자존감은 자신을 보는 거울입니다. 이제부터 긍정적으로 자신을 보도록 하세요. 어떤 자존감을 느끼는지에 따라 삶의 모습이 달라지니까요. 자존감이 높아야 자신이 원하는 인생의 길을 묵묵히 걸어가 마침내 그 끝에 다다를 수 있으니까요.

생각과 삶을 바꾸는 질문 훈련

이 챕터의 내용을 토대로 3단계 질문을 차례대로 만들어 보세요.
질문과 함께 답을 꼭 적어야 합니다.

● **1단계: 사실·이해 질문**

    Q:

    A:

● **2단계: 추론·사색 질문**

    Q:

    A:

● **3단계: 종합·깨달음·적용 질문**

    Q:

    A:

나는 어떤 삶의 이야기를 쓰고 있을까

"사람은 항상 껍질을 벗고 새로워져야 하고,
항상 새로운 삶을 향해 나아가야 한다.
그렇게 한층 새로운 자기를 만들기 위한 탈바꿈을 평생 동안 멈추지 마라."
– 프리드리히 니체(독일 철학자)

예전 아이들은 '옛날 옛날 아주 먼 옛날'로 시작하는 이야기를 들으며 자랐습니다. 할머니와 어머니에게 들은 구연동화는 삶의 지침이 될 만한 이야기로 가득했습니다.

이야기를 들으며 강한 상대를 물리치는 용기를 배우고, 어려운 삶을 헤쳐 나갈 지혜를 발견했습니다. 자신과 비슷한 처지의 인물을 통해 위로와 공감을 얻고, 고난을 극복할 동기도 부여받았습니다.

이야기는 구연동화와 책, 만화에만 등장하지 않습니다. 이제는 이야기가 마케팅에 활용되는 시대입니다. 이야기를 통해 메

생각하는 힘을 키우는 십대의 질문법

시지를 전달하면 소비자의 이목을 더 집중시킬 수 있기 때문입니다. 단순한 제품 설명에 그치기보다는 그 제품과 관련된 이야기를 덧입히는 것이지요.

이야기로 브랜드 가치를 높이는 대표적인 기업이 애플입니다. 애플은 신제품이 나올 때마다 스티브 잡스의 프레젠테이션을 통해 소개했습니다. 스티브 잡스의 지나온 삶을 마케팅 소재로 활용하기도 했습니다. 애플은 스티브 잡스가 떠난 뒤에도 이야기로 사람들의 이목을 집중시켰습니다.

2021년 애플 CEO 팀 쿡은 애플의 최고 중대 발표를 하겠다고 공언했습니다. 우리나라에서는 자율 주행 자동차나 반도체 관련 뉴스라고 생각하며 촉각을 곤두세웠습니다.

그런데 팀 쿡은 예상을 깨고 앞으로 애플은 '평등'과 '정의'를 위해 역량을 집중할 것이라고 발표했습니다. 애플은 이런 이야기를 통해 기업 가치를 상승시켰고, 소비자는 비싼 값을 지불하며 그 가치를 소비하고 있습니다.

이야기는 자기 자신을 이해하는 데 도움을 주고, 세상을 살아가는 지혜도 줍니다. 세계를 이해하는 데도 유용하지요. 또한 삶을 살아가는 태도와 대상을 바라보는 시각에도 영향을 줍니다. 지금부터 이야기를 대하는 여러 유형에 대해 살펴볼까요?

첫째, 이야기를 소비하는 유형입니다. 이들은 누군가의 이야기에 울고 웃으며 오늘을 삽니다. 어떤 이야기가 세상의 관심을 끄는지 찾아보고, 자신도 그 이야기를 소비하며 삽니다. 이들은 이야기를 소비할 뿐 자기 이야기를 생산하지 못하므로 삶에 큰 변화가 없습니다.

둘째, 누군가가 이야기해 준 대로 살아가는 유형입니다. 이들은 자신만의 인생 대본이 없고, 누군가가 써 준 대본대로 들러리 같은 삶을 삽니다.

셋째, 살아온 대로 이야기하는 유형입니다. 이들은 눈앞에 닥친 문제를 해결하느라 급급한 삶을 살아갑니다. 또한 앞으로 살아갈 삶보다 과거에 집중합니다. 그러다 보니 수시로 삶의 방향을 잃어 헤매는 경우가 많습니다.

넷째, 자신이 이야기한 대로 살아가는 유형입니다. 이들은 듣고 보고 읽은 이야기를 토대로 자신이 인생 대본을 쓰고, 그것을 이루기 위해 살아갑니다. 소비자에서 생산자로 전환된 삶이지요.

자신의 이야기로 살아가는 사람은 장애물에 맞닥뜨려도 포기하지 않습니다. 마침내 자신이 바라는 것을 이루고, 그 이야기는 뭇사람의 입에 오르내리며 선한 영향을 끼칩니다.

생각하는 힘을 키우는 십대의 질문법

이제는 여러분이 이야기의 주인공이 되어 보세요. 어떤 삶의 이야기를 쓰고 싶은지 살피고, 실제로 써 보세요. 삶은 글이 되고, 글은 삶이 됩니다. 긍정적으로 성공적인 삶의 이야기를 써 보고, 그 이야기를 가족, 친구, 세상에 퍼뜨리세요. 그 이야기의 씨앗에서 싹이 나고 열매가 맺히도록 말입니다.

생각과 삶을 바꾸는 질문 훈련

이 챕터의 내용을 토대로 3단계 질문을 차례대로 만들어 보세요.
질문과 함께 답을 꼭 적어야 합니다.

● **1단계: 사실·이해 질문**

    Q: _____

    A:

● **2단계: 추론·사색 질문**

    Q: _____

    A:

● **3단계: 종합·깨달음·적용 질문**

    Q: _____

    A:

생각하는 힘을 키우는 십대의 질문법

가치 있는 삶이란 무엇일까

"스스로를 지키는 자는 명예와 찬사를 얻는다.
이때 중요한 것은 자신이 '지키고자 하는 것이 무엇인가'다."
- **요한 볼프강 폰 괴테**(독일 작가)

우리 삶은 선택의 연속입니다. 매 순간 내린 선택으로 삶의 방향이 달라집니다. 선택의 중심에는 '가치'가 한 자리를 차지하고 있습니다. 가치는 값어치입니다. 인간의 욕구, 관심의 대상, 목표가 되는 것 중 무엇에 값어치가 있느냐는 말입니다. 가치는 행동과 선택을 이끄는 원칙입니다.

가치는 삶의 방향성을 결정하는 중요한 요소입니다. 자신의 가치에 맞는 목표를 세우고 이를 성취하려고 노력하기 때문입니다. 오늘 무엇을 할지에 대한 기준도 가치에서 비롯됩니다. 독서에 값어치를 느끼면 당장 즐거움을 주는 것을 멀리하고 책을 가까이합니다. 글쓰기에 값어치를 느끼면 머리를 싸매고 컴퓨터 자판을 두

드럽니다.

우리는 값어치를 느끼는 것을 선택하며 살아가는 존재입니다. 가치는 삶의 성패를 좌우하는 중요한 요소이므로 십대에 자기 가치를 점검해야 합니다.

앞에서 소개한 것처럼 삼류 대학이었던 시카고대학교가 명문대가 될 수 있었던 것은 '영원불변한 가치'를 발견하도록 이끌었기 때문입니다. 인문 도서와 고전을 읽으면서 바람직한 가치를 발견하게 하고, 그 가치에 따른 꿈과 비전을 품게 했지요. 오늘 지니고 있는 가치가 삶에 어떤 영향을 주는지 알 수 있는 이야기입니다.

'영원불변한 가치'는 시대와 장소를 초월해 변하지 않고 지속되는 본질적인 가치를 의미합니다. 삶을 보다 의미 있게 변화시키고 사회가 좋은 쪽으로 발전하도록 기여하지요.

진실, 정의, 사랑, 자유, 평화 등이 영원불변한 가치입니다. 이런 가치를 품고 살아간다면 어떨까요? 희망이 부풀고 웃음과 행복이 넘칠 것입니다.

가치에는 두 종류가 있습니다. 그 자체가 목적인 '목적 가치'와 목적을 이루는 데 도구가 되는 '수단 가치'입니다.

목적 가치는 영원불변한 가치를 의미합니다. 다른 어떤 것을 위

생각하는 힘을 키우는 십대의 질문법

해 존재하는 것이 아니라, 그 자체가 목표이자 최종적인 가치입니다. 시대와 장소를 초월해 변하지 않는 본질적인 것이지요.

수단 가치에는 돈, 지식, 기술, 정보 등이 있습니다. 수단 가치를 목적 가치로 오해하면 다양한 문제가 발생하고 삶의 의미를 놓칠 수 있습니다.

돈을 목적 삼아 살아가면 언젠가는 후회할 날이 올 것입니다. 삶의 우선순위도 뒤죽박죽되어 시간과 자원을 효율적으로 관리하지 못합니다. 윤리적 기준도 흔들립니다. 성공을 위해서라면 부정행위나 비윤리적인 행동도 용인하게 되는 것입니다.

지금 품고 있는 가치를 점검해 보세요. 오늘 품고 있는 가치가 오늘의 나이고, 내일의 나를 만들어 갑니다. 가치에 따라 주변이 달라지고, 이는 내가 살고 있는 세상에 영향을 미칩니다.

다음 질문에 답을 적으면서 가치를 점검하고, 자신에게 필요한 영원불변한 가치를 찾아보세요. 그에 따라 삶이 흘러갈 테니까요.

- 좋은 대학과 좋은 직장에 가려고 하는 이유는 무엇일까?
- 내가 진정으로 중요하게 여기는 것은 무엇일까?
- 내가 진정으로 중요하게 여기는 것을 소유하고 이루면 어떤 일이 생길까?

• 내가 원하는 꿈이 이루어지면 진짜 기쁨과 행복을 줄 수 있을까?

• 나에게 초능력이 생긴다면 이 세상을 어떻게 만들까? 그 세상에 사는 사람들은 행복하다고 할 수 있을까?

생각하는 힘을 키우는 십대의 질문법

생각과 삶을 바꾸는 질문 훈련

이 챕터의 내용을 토대로 3단계 질문을 차례대로 만들어 보세요.
질문과 함께 답을 꼭 적어야 합니다.

● **1단계: 사실·이해 질문**

    Q: _____

    A:

● **2단계: 추론·사색 질문**

    Q: _____

    A:

● **3단계: 종합·깨달음·적용 질문**

    Q: _____

    A:

오늘의 태도는
미래의 자기 경쟁력이다!

『탈무드』를 통해 인생을 바꾸는 삶의 태도를 배워라.

태도의 힘 | 임재성 지음

우리 삶의 모든 것은 태도로 결정된다.
태도는 청소년 시기에 가장 중점을 두고 준비해야 한다.

청소년 시기에 준비해야 할 것은 무엇일까? 가장 중점을 두고 준비해야 하는 것은 '태도(Attitude)'이다. 태도는 인생을 대하는 자세를 의미한다. 현실의 문제나 앞으로 살아갈 삶에 대해 '어떻게 할 것인가'라는 자신의 마음이다. 태도는 한 사람의 인생을 결정짓는 중요한 역할을 한다.

격변하는 4차 산업혁명 시대를 앞둔 십대,
자신을 지킬 삶의 무기를 준비하라!

십대, 4차 산업혁명을 이기는 능력 | 임재성 지음

4차 산업혁명 시대에 맞설 다섯 가지 능력
#질문의 힘   #생각의 힘   #쓰기의 힘   #창조의 힘   #태도의 힘

> **"인공지능과 첨단 기술의 입지가 나날이 늘어가는 현재,
> 우리는 어떤 자세로 미래를 맞이해야 할까?"**

아무리 예측이 불가능하고 불안한 시대가 다가와도 그것을 이겨낼 능력이
준비되어 있다면 더 이상 불안에 떨지 않을 것이다. 오히려 자신의 능력을
마음껏 펼칠 수 있는 기회를 기대하게 될 것이다.

- '작가의 말'에서

생각하는 힘을 키우는
십대의 질문법

ⓒ 임재성, 2024

초판 1쇄 인쇄일 | 2024년 12월 11일
초판 1쇄 발행일 | 2024년 12월 24일

지은이 | 임재성
펴낸이 | 사태희
편   집 | 박선규 정미리 · 책임편집 | 안주영
디자인 | 김경미
마케팅 | 장민영
제   작 | 이승욱 이대성

펴낸곳 | (주)특별한서재
출판등록 | 제2018-000085호
주 소 | 08505 서울특별시 금천구 가산디지털2로 101 한라원앤원타워 B동 1503호
전 화 | 02-3273-7878
팩 스 | 0505-832-0042
e-mail | specialbooks@naver.com
ISBN | 979-11-6703-139-6 (44080)
        979-11-88912-13-1 (세트)